追憶と妄想のまち歩き・自転車散歩

ぼくの〈那覇まち〉放浪記

新城和博

ボーダーインク

まえがき

〈那覇まち〉を、ほろほろと放浪する

生まれ育った那覇のまちを歩くのに、大げさな理由を持ち出すこともないだろう。ここ数年僕は、気がつけば那覇の町角を古い地図とおぼろげな記憶を片手に、ほろほろと放浪していた。最近は「まち歩き」と言えばなんとなくわかりやすい。自転車であてどなく散歩することも多かったのだけど、それも「ポタリング」という名称がついているのである。昼間からひと気のないところをうろうろと徘徊、いや放浪していても、堂々としたものなのだ。ただいまのところ「趣味は、昔那覇《んかしなーふぁ》のまち歩きです」とお答えするのには躊躇しない。

沖縄・那覇で過ごして気がつけば半世紀……と、自分で書いてびっくりするけれど、こういう歳になると、現在見ている風景にかつてのまちの面影を重ねて見るのは、ごく自然なことかもしれない。僕が知っているアメリカ世からの那覇の街の風景。そして僕の知らない、戦争で消えてしまった戦前の那覇の町の風景……。

今、那覇は静かに、いや明らかに大きく変わろうとしている。変化は突然やってくるのではなく、まちや小《ぐゎー》がなくなっていたとか、本屋が閉まったとか、駐車場が増えてきたとか、そんな風だった。空き地があちらこちらに目立つようになった。そこがかつて海岸であったことは知っているのだけど、先月まであった建物の、店の名前は思い出せない。これまで感じたことのなかった、ざわざわとした気持ちが湧いてくる。変化する街、失われた町。それが〈那覇まち〉だ。

でも、ゆっくりと、幼い頃過ごしたすーじ小《ぐわー》をたどって歩いて見る。そして古い地図、古い本を思い浮かべながら、古《いにしえ》の那覇の痕跡を妄想して自転車を漕いで行く。すると生まれ育ったまちなのに、どこか遠くの知らないまちへ放浪の旅をしている気分になるからおもしろい。ひとり〈那覇まち〉を、時をかけて歩いてみたら、懐かしくも新しい風景にたくさん出会えた。それはきっとこのまちの新しい記憶になるかもしれない。

本書は二つの連載からなっている。第一部が、二〇〇七年から〇九年の間に「沖縄スタイル」で連載した「幻想の那覇・街角記聞　すーじ小を曲がって」。これは主に自分の記憶の中の那覇と今の那覇を重ねてみたもの。第二部は二〇一一年から一四年まで「新報リビングニュース週刊かふう」の「沖縄点描」で連載したもので、僕が知らない戦前の那覇の面影を、あの手この手で妄想しつつ、探し続けた。まとめるにあたってタイトルを変えたり内容の加筆をした。

考えてみたら、それなりの月日がたっている。連載を続けているうちにも現実の那覇のまちは知らんふりして変わり続けている。この本の中の風景も消えてしまったところがたくさんあるようだ。急激なまちの変化に戸惑うことはあるけれど、自分のまちをあらためて歩きまわるというのは、とても切なくて、実に楽しいものなのである。気楽に、〈那覇まち〉歩きにまつわる短い随筆として楽しんでもらえたらと思う。

著　者

＊初出　「幻想の那覇・街角記聞　すーじ小を曲がって」（「沖縄スタイル」二〇〇七年22号から二〇〇九年30号）「沖縄点描」二〇一一年一月～二〇一四年十二月（新報リビングニュース　週刊かふう」）。
＊地名、名称、年代、内容に関しては、基本的に連載当時のままとしています。写真は断りのないもの以外は全て著者が二〇〇七年から一四年にかけて執筆に際して撮影し、書籍化にあたって追加撮影しました。

末吉
石嶺
今はない
トックリキワタ
首里地区
首里駅
弁ヶ岳
首里駅文庫
指帰橋
首里城
松川
うふかくざ
「街のほくろ」
の記憶
金城ダム
繁多川
真和志地区
識名
真地
識名園
一日橋
国道
507
ROUTE
僕の〈那覇まち〉放浪地図
ピックアップ

那覇新港
国道 58 ROUTE
マージナルな
天久の崖
おもろまち
ハート仕掛けの新屋敷
天久
橋の怪仲西へーイ
雪の岬に立つ
泊港
泊
真嘉比
隠居の御嶽
前島
崇元寺
若狭
波上宮
浮縄御嶽
安里八幡
下泉で
恋をして
長虹堤
牧志
ウガン
辻
久米
国際通り
芳子と石ブラ散歩
久茂地
西町
壺屋
三重グスク
東町
むつみ橋通り
の空き地
泉崎
慶良間宿
開南バス停
与儀に
隠れていた
小さな川
那覇港
城岳公園
御物グスク
壺川ホウホウ
寄宮
楚辺
城岳小学校
国道 331 ROUTE
電柱通り
奥武山
落平樋川で
つかまえて
古波蔵
国場
漫湖
国道 507 ROUTE
小禄地区

那覇・樋川のすーじ小

すーじ小の角を曲がって

２００７〜２００９

開南のバス停から街に出かけたころ

路地裏というよりも、もっと小さな、大人ひとりくらいしか通れない、家と家の間に挟まれた溝のような細い道。〈すーじ小《ぐわー》〉とはよく名付けたものだ。漢字で当てると「筋道小」か。無造作に置かれた鉢植えの植物が、さらに道を狭くしている。で、だいたい野良猫のごはんの跡がある。湿気のこもった生臭さは、足下のしーり小（小さな溝）から立ち上る生活排水のにおい。

いつのまにか地面はアスファルトやコンクリートになっているけれど、それでもまだここは、僕がまだ子どもだった〈アメリカ世〉、〈日本復帰〉の頃から、そんなには変わっちゃいないようにも見える。

あの頃、僕は、そんなすーじ小の角を曲がって、いつも那覇の街へ出掛けていった。

僕が育ったのは、那覇の樋川《ひがわ》というところ。と言ってもわからない人には、「〈開南バス停〉

ずだ。

からカトリック教会へ登っていくところ」とタクシーの運転手にいえば連れていってくれるはずだ。

南部方面の路線バスの上り・下りのほとんどが通る開南バス停は、平和通りや牧志の公設市場、そして国際通りへの入り口として、南部の人たちにとっては、東京でいえば「上野駅」のようなものだった。いつも大勢の人であふれていた。多分僕が子どもの頃が最盛期で、バス停一帯はちょっとした商店街を形成していた。バスの乗り口がプラットホームのようになっているところが駅っぽくて、その横には交番があった（復帰デモ盛んな頃は火炎瓶を投げられたとか）。とにかくたくさん路線バスがやってくるので、行き先を案内してくれる駅員さんならぬバス停員のおじさんもいた。「次は○○番線、どこそこ行き〜」なんて感じの、ガラガラ声の片腕で制服姿のおじさんの姿は、僕が小学生の頃からずっと同じだった。

和洋風レストラン、パチンコ屋、くだもの屋に床屋、琉球舞踊の道具の店に写真館、電器屋、レコード店、そして本屋さんは三軒もあった。すぐ近くには映画館（ポルノだけど）があって、その脇を通って僕らはお風呂屋さん（これは普通の）に行っていた。

戦後、自然発生的に出来た闇市に人と物資が集まり、交通の要所となった開南だけど、それは正式の地名ではない。てっきり南部に交通が開くから「開南」かと思っていたら、実は戦前あった私立の中学校の名前がその由来だ。

市場帰りでたくさんの買い物を抱えたおばさんや通勤や通学の人たち、そして土日だと友だちどうしで那覇の街に遊びにきた南部の子どもたちが、次から次へとやってくる路線バスを持ってわさわさーとごった返している中をすり抜けて、僕はいつも平和通りや国際通りに遊びに行っていた。僕にとっても開南バス停が那覇の街のゲートそのものだった。

その光景は、沖縄全体が郊外型大型ショッピングモール的消費生活スタイルになる以前（というのは、まぁ八〇年代後半、九〇年代前半までか）の話で、現在はというと、お店のほとんどはものの見事に入れ替わるか消滅してしまった。ごった返すほどの人混みはない。みんなどこかへ行ってしまったみたいだ。

かつて交番があった場所には大きなトッキリキワタが大きな枝を広げている。その下で、ゆっくりとベンチに座ってぼーっと南部行きのバスを待っている人たちを見かけると、あの頃の光景が幻だったような、不思議な、落ち着かない気持ちになってくるのである。

開南バス停

樋川界隈

むつみ橋通りの空き地

那覇にすーじ小が多いのは、沖縄戦で戦前の市街地がほとんど消滅し、戦後は沖縄各地から人々が集まり、土地測量もそこそこに屋敷が建ち始めたせいもあるようだ。焼け野原となった戦前の那覇地区は戦後もしばらくは米軍に接収されていた。後に那覇市に吸収合併される真和志村や小禄村、そして首里市など、住民に解放された後も全てが都市計画に基づいてきっちり整備されたわけじゃない。だから今でもすーじ小をたどっていくと、戦後、沖縄の人たちがどのように街を形成していったのか、なんとなくわかる気がする。道の狭さは、そのまま人との距離感だったろうし、道の行く先が微妙にゆがんでいたり、ずれていたりするのは、その後の人と社会の関係だったりして。真和志地区はくねくねとしたすーじ小が多くて、国道五十八号を越えて海側の旧那覇地区だった西町、東町、久米、若狭あたりは米軍が土地を整備したためにすーじ小は少ないようだ（ちなみに、戦後那覇の都市計画と繁華街については『那覇　戦後の都市復興と歓楽街』加藤政洋著、フォレスト刊　という本がおすすめ）。

那覇の第一牧志公設市場、平和通り一帯は、観光スポットとして必ず紹介される〝観光地〟だが、通りをたどっていくとなかなか曲がりくねった道が続いている。まっすぐ歩いているつもりでも、ほとんどの道が上下左右にうねっている。この市場の場所は、戦前は沼地だったり小嶺だったり川が流れていたりと意外に複雑で、その地形に沿って建物が続いているのだ。七〇年代後半からアーケード街となり、通りの開放感はなくなってわかりにくくなったが、今でも、建物の裏通りに入り込めば、雑草生い茂る空き地だったり、大木茂る墓地が立ち並んでいる。〈街の中心地に、街の周縁部がある〉と言ったのは、路上観察の大家・芸術家の赤瀬川源平氏だったが、市場の裏通りをふらふら歩いていると、まさにそうだなぁと思ったものだ。

そんな風に大人になった眼で、市場の風景を辿り直すのが面白くて、なんとなく市場界隈を散歩していたのは、もう数年前のことか。少しでも通りが曲がっていたりしたら、違う商店街通りの名前が付いているのにあらためて感心した。商店街通りが、パズルのようにはめこまれていて、これはそのままこの一帯の人間模様でもある、深い話だ。

今年、夏の始め頃、桜坂社交街に出来たライブハウスに友だちのライブを観に行った。ライブ開始までまだ時間があったので、少し夜の市場一帯を昔の様にブーラサッサイうろうろした。開南バス停を下り、新栄通りから新天地市場通りを曲がり、浮島通りを横切って、ビールが飲める場所を少し探したが、これがなかなか見つからない。日曜休みが多いし、飲み屋の時間帯にしては少し早すぎた。といって、最近流行の安宿兼飲み屋に一人で入るのはイヤだし。

で、そのうち体がなんとなく覚えているという感じで、むつみ橋通りを歩いていた。観光客があふれている市場本通り横の水上店舗に隠れるようにして存在する商店街通りで、数多くある通りの中でも、もっとも細長く薄暗い地味な通りだ。二〇〇〇年代の沖縄ブームに乗ることもなく、地元の買い物客が通路として利用するのに最適な人通りのなさが、昔の最盛期の人混みを知っているものとしては、ほろ苦くも味わい深い。

そしたら……なくなっていたのである。通りがではない。地味な通りのさらに地味なアクセントであった〝火事になったあとずっと取り壊されないで三十年近くそのままだった焼け跡生々しい建物〟が。実はその火事跡こそが、僕にとっての、この界隈の肝であった。多分八〇年代、九〇年代、そして二〇〇〇年代と、沖縄で一番高い土地評価額を持つ国際通り三越前から十数メートルしか離れていない建物の壁に、黒々とした火事跡が生々しく残っている街角。街のほくろのような小さな傷跡。それが僕にとっての那覇だった。

更地となってしまった空き地をしばし眺めて呆然としてしまった。隣にあった無口なちっちゃいおばぁさんがやっていたコーヒーシャープも、そういえばなくなっている。

新都心の変貌とか、モノレールのなじみ具合とか、そんなことよりもっとインパクトのある変貌を見てしまった、夜の散歩だった。

かつての火事跡から見上げるかつての那覇タワー

ボーダーとして電柱通り

すーじ小は基本的には、家と家の間の道であり、名前も特についているわけではない。理想的には人ひとりすれ違えるかどうか、くらいの狭さが好ましい。知らない者同士でも、その間合いを詰めつつ、瞬間譲り合える程度の幅。

そんなすーじ小を散歩していて、袋小路のようなところに入り込み、「ここ通り抜けられるかなぁ」と恐る恐る歩いていたら、玄関横に駐車スペースを確保している家を見つけたりする。名も知らぬ家人のドライビング・テクニックに思いを馳せる。停めた後、運転手はどこから出るのかわからない、謎解きパズルのようにぴったりはまっている車さえある。すーじ小と人生は、少し不思議なものである。

車が行き交う車道でさえもすーじ小的風情を持ったところが、この街にはいくつもある。僕の働いているボーダーインクの事務所も「車のすーじ小」と呼びたくなる通り沿いにある。名前もある。「電柱通り」だ。あまりに目立つものがなくて電柱だけがにょきにょきと建っていた通りだったからという説と、近くの小山に電柱置き場があったからという説があるのだが、真偽のほどは定かでない。でも確かに狭い道の両サイドに電柱がてんてんと建っている。那覇には幾つか「電柱通り」と呼ばれている道があるらしいが、ここが一番有名な「電柱通り」である（と信じている）。タクシーに乗るときには、「寄宮の電柱通りまで」で通じる。

かろうじて車一台すれ違うくらいの道で、もちろん一方通行ではない。ゆがまーひがまー（穏やかに曲がっている）しながら二百メートルくらい続くその道は、国場から与儀への抜け道的に使われていて、車の行き来は結構ある。その角を曲がると警察署に続く大通りに出るので、パトカーもよく通る。

しかしこの道幅の上に、電柱が道路にはみ出て建っているポイントで、反対側から車が来ると、電柱の後ろにぴたっと寄せて停まるか、はたまた電柱手前で停まって相手を優先的に行かせるかしないといけない。要するに車同士の会釈だ。この通りを常時通るドライバーたちは、もちろんその「あ・うん」のタイミングを承知している。自然に譲り合いの精神が生まれる道なのである。ちなみに僕も出来るだけ相手の車を先に行かせるようにしている。「沖縄空手とすーじ小に先手なし」。

電柱通り沿いに並ぶ住宅は、道ギリギリまで、敷地というか、塀や入り口が迫っている。さらに「電柱通り」という名前のカラオケスナック、製麺所、ほぼカップヌードルしか置いてないまちや小、小さなクリーニング屋さん、そしてなぜか切り絵の画廊までが、ぽつんぽつんとある。今ほど車が頻繁に通らなかった頃、このあたりは小さな商店街を形成していて、その名残りがまだ残っているのである。赤瓦やセメント瓦の木造の家も混ざって、不思議にいつまでもこの通りはセピアな感じがする。

この狭い道を国場側に向かって抜ければ、いきなり両側二車線の広い十字路に出る。その十字路にはみんなに通じる通称はない。まだ出来て十五、六年ほどしか経ってないからだ。ここら一帯は戦後すぐに米軍に強制接収されてフェンスに囲まれて軍の燃料タンク基地となった。ちゃんと返還されたのは、二十数年前で、その後周辺は新興住宅地となった。道路も広々、住宅地も店舗も大きく取られているのだが、しかし今でもここら一帯は「与儀タンク跡」と呼ばれている。

米軍の大きなタンクがあった頃、フェンスの向こう側は広い緑の芝生地帯で、その周辺を畑とぎゅっと家々が固まった住宅地が囲んでいたという。つまり電柱通りのあの狭さは、すこし前まで隣り合わせに広大な米軍基地があった頃の境界線、つまりボーダーの名残りでもあったのだ。

与儀の電柱通り

与儀に隠れていた小さな川の名前

与儀十字路は、子どものときから今に至るまで何十年も通っていたのに、その川の存在に気づかなかった。車の運転席から一瞬見えたあの暗闇は、確かに川だった。いや、川と呼ぶにはあまりにも小さいか。しかし、「しーり小」と呼ぶには大きい気もする……。

「しーり小」とは、要するに、蓋がされていない小さな小さな排水溝である。すーじ小に刻まれている溝だ。台所の水やお風呂の水が直接流れてくる、極めて生活臭い溝。住宅とすーじ小の間をちょろちょろ流れていた。あんまり思い出したくない、はっきりいって「はごーさよ」と言いたくなるような臭いがした。でも、ぷーんとバスクリンのにおいもしていたなぁ、夕方頃は。

那覇市の下水道が次第に整備されていき、今では生活排水をそのまま流しているようなしーり小はほとんど見かけなくなった気もするが、それでも、あちこちのすーじ小・住宅密集地域を歩けば、足下にその溝は刻まれている。

そうしたしーり小の流れは、やがて近くの蓋のされた排水溝へと続く。僕が小さい頃は、まあまあ大きな排水溝でも蓋がされていなかったものだが、今にして思えば、あれはもともと流れていた川の小さな支流だったところを、排水溝としていたのではないだろうか。

那覇市の中で、もっとも大きい排水溝が隠れているのは、牧志の市場にある「水上店舗」だろう。その建物は、その名の通り、ガーブ川の下流の上にある。一九六四年、那覇市が当時たびたび氾濫していた川に蓋をして、その上に店舗を作ったのだ。以来、そこはブラックホール的な排水溝となった。暗渠というやつだ。いまも深夜、人気のない水上店舗の横を通ると、地下からひっそりと水の音がする。那覇を流れるほとんどの川は、そうした生活排水を集め、ひたひたと流れて、那覇港、泊港あたりの海へとつながっていく。

こうして復帰前からの幼い記憶を持つ僕たち世代だと、那覇を流れる川は全て汚いもんだと刷り込まれている。戦前は、子どもたちが飛び込んで川遊びができるほどだったというのが、信じられない。

那覇の真和志地区は、こうした川の中流にあたり、蓋をされずに残った流れを、住宅地をくねりつつ、歩いて辿ることができる。

この一帯は戦後、沖縄各地から多く人口が流入し（例えば三原・繁多川あたりは北部出身の人が多かったりする）、住宅が密集するにつれ、川の支流は、住宅と住宅の間に隠されたようになったのだ。

　寄宮、与儀あたりの真和志地区をかろうじて川としての体裁を保っているガーブ川中流が、大きめの排水溝のように感じられるのは、川がコンクリートで三面張りにされているからだ。治水を目的に川をコンクリートで固めた結果、排水溝としての役目が強化されたのだろう。

　道路に沿って流れ、住宅地では暗渠として隠され道路の下を通り、再び川面を見せるとき、ガーブ川は与儀公園の中を通る。川岸には桜の木が並んで、二月頃には花見の祭りも開催される。汚いはずの川面を眺めると、フナらしき魚がうごめいている。これこそ、今の那覇らしい自然の姿に違いない。

　そしてガーブ川は、そのままひめゆり通りの下を流れ、与儀の農連市場を通り、例の暗渠の水上店舗へと消えていく。

　与儀十字路手前で僕が凝視した支流は、多分その川へと続いているに違いないのだが、いったいどのようにしてつながっているのか、もうひとつ見当が付かない。でもふとよく見てみると、アスファルトに覆い隠されているが、ちゃんと橋の名残りが残っていた。やはりここは、川だったのだ。蓋されることなく忘れ去れたままの、小さな川の名前はなんというのだろうか。

名前のわからない
小さな川と橋

「街のほくろ」の記憶

僕の実家は、那覇の通称「開南」にある。戦後那覇で一番最初に闇市ができたエリアだ。牧志の公設市場、平和通りへは歩いて五分ほどという便利なところだ。

その実家に、今は一人暮らしをする母親に電話していたら、ふと思い出したようにこう言った。「『バイテン』のおばさんが亡くなったんだよ」。何年も思い出していなかった、記憶がふんわりと蘇る。『バイテン』とは、売店のことだ。

小学校の頃、近所のT字路沿いには、まちや小（日用雑貨屋）、いっせんまちやー（駄菓子屋）、さしみやー（鮮魚店）、酒屋にだんぱちやー（床屋）に薬屋など、いくつかのお店があった。まちや小だけでなぜか三軒もあったのだが、そこだけが〝売店《ばいてん》〟と呼ばれていた。他の店はその家の名字で呼ばれていた。多分、一番最初に売店を始めたんだろう。（後日いろいろ調べていたら、どうやらアメリカ統治下時代、米を専売していた店は「売店」と呼ばれていたようです）バス通りを下りていけば、なんでもそろう市場があるのだが、普段の食事の買い物や日用品は、近所のまちや小で充分間に合っていた。野菜、豆腐、麩、米、トゥーナーやストゥー、ポークの缶詰、飲み物にアイスケーキー。スーパーもコンビニもなかった時代のことだ。

まったく覚えていないのだが、母が言うには、幼稚園にあがる前、僕は一人で売店に行って、店先のまな板の上にデーンと置いてある、豆腐箱からとりだされた出来たての島豆腐（当時店頭で包丁で切って売っていたのである）を、いきなりぐしゃっと手づかみで食べたことがあったそうだ。料金は後で母親が払ったらしい。今でも島豆腐を炒めるとき、かならず少しちぎって口に入れてしまうのは、その名残りなのだろう、きっと。

当時いくつかあるまちや小を、近所のお母さんたちは、卵はここ、野菜はあそこと、買う物を分けていた。そうすることで、小さなまちや小は、ご近所どうしで共存共栄していたのだ。ささやかな経済圏の確立が那覇の街角にあった。しかし社会人になる頃から、僕の中の売店に関する記憶が次第に薄れ、平成の世になる頃には売店は規模を縮小して、いつのまにか店じまいしていた。結婚して実家を離れ首里に引っ越した僕は、売店のおばさんともう何十年も会ったことがなかったことを、母の電話で気が付いた。

かつて那覇のご近所の台所は、まちや小で成り立っていた。しかし、コンビニ、スーパー、そして郊外型大型ショッピングモールがどんどん進出してくるにつけ、三十世帯に一軒の割合であったとも言われたまちや小は、静かにその姿を消しているのだ。住宅地のさしみやーに至っては、絶滅寸前だろう。那覇の住宅密集地域には欠かせないまちや小の理想の姿を、かつてこんな風に書いたことがある。

〈住宅地の中になんとはなしにある、家から歩いて五分以内。店舗の規模が小さく、自宅のひと部屋分、場合によっては玄関規模でも可。店番のおばぁさんが立ち上がらなくてもいいい、自宅の居間と売り場が直でつながっている。バナナはヒモでぶら下げている。〉

実は、そんな理想のまちや小のひとつが、真和志地区の松川のバス停のそばにあって（狭い道路にほとんどバス停と一体化している）、僕は時折通勤途中の車の中から、店先にぶら下がったバナナを眺めては、和んでいた。「街のほくろ」のようなイメージが、僕にとってのまちや小なのだ。あったら、ちょっとチャーミング。そのたたずまいを写真に撮っておこうかなと思っていたのだが、去年の年末、いきなり店の玄関に板が打ち付けられて、そのまちや小は閉鎖されてしまったのである。何故店じまいしたのかは知らないが、誰も出入りできなくなったその姿に、自分でも意外なほどショックを受けた。

またひとつ、街角の記憶が封印された瞬間を見てしまった。

閉じられたまちや小。松川のバス停

与儀の市場通り

墓の境界線をすたりすたりと

ふとしたはずみで夜の那覇のすーじ小を散歩する。深夜、ではない。アコークローを過ぎて、街灯や家から漏れる灯りが通りに染みだしてくる頃……うりずんの季節、ある日の午後七時半から八時あたりだと思い浮かべていただきたい。ふとした気持ちなので行き先はない。ただ歩きグセのままにすたりすたりと行く。気がつけば小学校の頃歩いていた道筋を辿っている。家から学校までの距離は、復帰前の子どもの頃でも、十五分程度だったはずだが、まるで違う地域へ越境していく気分だった。すーじ小を抜けて車の通る道路をひとつ越えてしまえば、そこはもう自分のテリトリーではない。「開南の教会」がその境界線の目印だった。ずいぶん前に立派な礼拝堂が建ったのだが、夜歩くとライトアップされているマリア像がなぜかしら不気味に感じる。

二十数年ぶりに教会の横のすーじ小に入ってみる。別にどうということもないすーじ小で、デッドエンドと思わせておいて、表の道路に通じているのは子どもの頃と一緒だった。不思議

樋川界隈。実家の近所

開南カトリック教会

に人の気配がしない家並みが続いているだけ。

　再び車通りの歩道を歩く。そこはかつて「刑務所」に至る道だった。心象風景的な用語ではなく、普通に「沖縄刑務所」があったのだ。なんでこんな街中の小学校のそばに、と思われるかもしれないが、戦前刑務所が出来た頃はまだ周辺は住宅地ではなくて、畑とか墓しかない場所だったのだ。戦後の住宅の増加で刑務所が住宅エリアに囲まれてしまったのだろう。一九七九年までそこにあった刑務所は、煉瓦の塀を支える太い柱が一定間隔で並んでいて、学校の帰り、そこに設置されていた看板に石を投げて当てて遊んでいた。当たったら次に進むというルールなのだ。今は大きな街路樹が緑のトンネルをつくり、昼間でもうす暗いほどなのだが、当時は街路樹なんてほとんどなかったし、なんだか白いほこりっぽい道だった。犯罪者が集う刑務所の代わりに、市民が憩う公園が出来て、まるっきり違う空間になったのだ。木の下の街灯の光が照らすその道にも、今夜はやはり歩いている人がいない。

　その道路を渡り向かいの整備された遊歩道へ進む。子どもの頃にはなかった整備されたその道は、城岳公園へ繋がっていた。僕の記憶ではこの道はお墓だった。きれいに整備された遊歩道のすぐそばに、日常の生活がむき出しにされたトゥータンヤー（トタン屋根の家）が、まるで映画のセットのように、憮然とした趣で佇んでいる。……本来ならこのような姿を人前に晒しているわけではありませんよ、ここはすーじ小で知らない人の目には触れない場所だったん

楚辺。振り返ると裁判所

楚辺。整備された遊歩道から

ですよ。公園整備なんかするもんだから……と呟いているトゥータンヤー。子どもの頃はこんなおうちばっかりが建ち並んでいたのだけどなぁ。ちょっとした丘になっている城岳公園の麓は、大きなお墓がいくつもあって、ぐるりとその丘をとり囲んでいた。墓は今夜もだいたい健在だった。今歩いているこの楚辺あたりは、墓と住宅の共存共栄地域なのである。大きなマンションの横に大きな亀甲墓が鎮座している。その墓の前の〈庭〉といったら、シーミーのときなどにブルーシートをひいて親族がクワッチーを食べたりする神聖な場であるが、ここはさすがに都市生活者らしく駐車場代わりにされている。墓のクールな有効利用というべきか。

そのまま楚辺から壺川へ向かう斜面に沿った道を歩く。通学路から遠く離れてしまった。大人になった僕にとってもまさに異境だ。道を挟んで、右手は住宅地、左手は薄暗い森の中に並ぶお墓たち、というシチュエーションなのである。那覇に森なんかあるのか？　あるのだ。斜面に緑為す木の陰があれば、そこにはだいたいお墓がある。お墓が那覇の緑を作り出しているといっていいのだ。

集合住宅地を越えてついに初めて歩く道になってしまった。斜面に深い森が続いている。かろうじて車道を辿っていくと、水の気配がしてきて蛙の声が聞こえてきた。これが大音響なのである。夜の森全体で鳴いているかのような、蛙の声の大合奏がどんどん迫ってくる。まるで僕を飲み込むかのようだった。暗くてよくわからなかったが、多分ここもお墓があるのだろう。

楚辺。墓庭パーキング

楚辺と壺川の間

そこに映画館があった

子どもの頃、僕の家の窓から映画館の大きな看板が見えた。極彩色も鮮やかな映画の看板は、日活の映画で、その頃は「渡り鳥シリーズ」などの黄金時代はとっくに過ぎていて、「ロマンポルノ」の時代だ。バス通りに面した「開南琉映」は春夏秋冬、基本的にポルノ映画を上映していた。そうした映画を観ることは（小学生だったので）なかったが、すぐ横のお風呂屋さんには、復帰前まではよく通っていた。

でも時折、子ども向けの映画をやることがあって、何度か入った記憶もかすかにある。強烈に覚えているのは「ボクは五才」という日本版「母を訪ねて三千里」のような映画。僕は小学校の低学年だったので、北海道までたった一人で親を捜しに行く子どもの話にリアリティを感じていたのかもしれない。

いつのまにかお風呂屋さんはなくなり、映画館の看板を隠すように、通りに面したところに味気ない壁が設置されるようになった。それでもあの街角の映画館独特のすえたにおいが雨の日にはしていた。あのにおいは、いったいなんだったのだろう。

「開南琉映」がいつなくなったのかまったく記憶にないが、八〇年代後半までは確かに営業していて、僕は確か最初の「ガンダム」の映画はそこで観たはずだ。閉館したあとも長らく建物はそのままだった。今そこはマンションとなっている。

那覇はかつて映画館の街だった。戦後、沖縄芝居が隆盛を極めた一九五〇年代頃には、那覇のみならず沖縄各地に百以上の劇場が出来たらしいのだが、その後その多くが映画館として残った。僕が記憶している那覇の映画館のいくつかはそういう歴史を持っていたらしい。

国際通りに面していた映画館が、ロードショー封切り公開の一番館だとすると、その周辺には二番、三番館ともいうべき小さな映画館が点在していて、個人的な記憶と結びついている。

例えば前島の川沿いにあった「若松国映」には、ブルース・リーの映画を観に行った気がする。あの頃はやたらブルース・リーの映画をあちこちでやっていたような記憶があるのだ。今、そこはシティ・ホテルになっている。国際通りの一番端っこの三叉路にあった「安里琉映」で蘇る映画の記憶といえば、原田知世の『時を駆ける少女』に、薬師丸ひろ子の『Wの悲劇』、そして沖縄の映画監督・高嶺剛の『ウンタマギルー』の舞台挨拶に登場した戸川純を見た、というところだ。そこは今はマンションになっている。

僕の働く事務所の近くの寄宮十字路近辺にも映画館があったと知って「なんでこんな地味な

住宅地近辺に」と意外に思ったのだが、いやこの一帯は、かつて那覇市と合併する前には、旧真和志村の役場があり、ちょっとした繁華街を形成していたのだ。よく見て歩けば、その繁華街の痕跡が残っている。

その映画館だったという建物は壊されることなく、今は学習塾になっている。しかし僕が記憶している十年ほど前は、助産院だった。そういう視点で見れば、確かにその建物は映画館らしいかたちをしているのである。スクリーンが設置できるような高さを備えているのだ。映画館の名前は「寄宮国映」。ローカルでいい名前だ。いったいいつ頃まであったのだろうか。その前の通りは今でも「寄宮国映通り」と呼ばれることもあるらしい。今度タクシーに乗ったときに「寄宮国映通り、まで」と言ってみようかと思う。（このあたりには他にも「寄宮琉映」「あけぼの劇場」などの映画館もあった）

首里は今も上映を続ける（もちろん成人映画！）現存する沖縄最古の映画館「首里劇場」が有名だが、もうひとつ鳥堀十字路近く、咲元酒造所の向かいに「有楽座」という映画館があったそうだ。今、そこは銀行の駐車場になっているが、映画館があったと聞いて深く納得した。今は住宅街というイメージの強いその一帯も、やはりかつて栄えた街角の雰囲気を漂わせているからだ。街角に映画館があった頃の気配というか、残り香というか。

かつてそこかしこに映画館があったのだ。

正面から見た寄宮国映だった建物

沖縄のかつての映画館に関しては『沖縄まぼろし映画館』（平良竜次＋當間早志〈NPO 法人シネマラボ突貫小僧〉）が詳しい。要参照

今はもうない首里のトックリキワタ

那覇で生まれて以来、ずっと開南に住んでいた僕が、結婚を機に新しい住まいとして選んだのが、首里だった。憧れ、というほどの強い気持ちがあったわけではないのだが、気がつけば首里は一度は住んでみたい場所だった。那覇市の底のような牧志の市場あたりから見ると、高台にあるだけで首里は、明らかに違う街であった。

今は同じ「那覇市」であっても、やはり那覇は那覇、首里は首里である。大学時代、同年代の首里の友だちが「那覇に下りる」という言い方をしているのを聞いて、なるほどと納得したものだ。那覇を見下ろしている街なのだ。

昭和四〇年代頃に建てられたと思われる、平屋2LDKの僕らの借家はセメント瓦で、ほぼ同じ規格の家は、首里のごちゃっとした住宅地のあちこちで見かけた。住んで七、八年たった頃、大家さんはメンテナンスのためか、セメント瓦を真っ白なペンキに塗り直した。おかげでその姿はモノレールからも確認できた。

　引っ越した当初は、家の小さな庭には大家さんが育てていたマンゴーの木のビニールハウスがあった。裏にはバナナの木、向かいの同じ規格の借家と借家の隙間にはパパイヤがナンクル（自然勝手に）なっていた。幹線道路の近くであったが、駐車場は、福木やシークヮーサーなどの木が並んでいて、意外に静かなもので、夜中にはオオコウモリが木の実を食べにやってきては、キャキャキャキャッと声をあげたりする。

　借家の駐車場の横から、近世・琉球王朝時代〝組踊の祖〟と呼ばれる偉人・玉城朝薫の産井《うぶがー》として碑も設置されている川（今は実質的に排水溝であるが）へと続くすーじ小があるのだが、そこはかすかに石畳仕様となっていた。観光用として整備されるはずもない、わずか数メートルの石畳の、昼なお暗きじめっとしてほったらかされた感じは、僕にとっては、なかなか好ましい首里の佇まいだった。

　隣の家（ここも同じ大家さんの借家）には巨大なトックリキワタがどっしりと存在していて、緑の若葉が細かく散り、白い花からひょうたんのような実がなり、そしてしばらくすると綿毛がはじけて風に吹かれてあたりを舞う、そんな季節ごとの変化で楽しませてくれた。しかしそのトックリキワタはその巨大さ故に自らを支えることが困難になり、ある年の台風で大きな枝が根元から折れて、幹にも巨大な裂け目ができてしまった。その後しばらくトックリキワタは花を咲かさなかった。その分の力を再生のために蓄えていたのだ。去年、数年ぶりに花を咲かせたので、ようやく回復したんだと、密かに喜んでいたのだけど、またやってきた台風で大きく折れた枝が、隣の家の屋根の一部を壊してしまった。今度は倒れてしまうかもしれない、危険だ、ということで、トックリキワタは根元から切られてしまった。今まで小さな森のようだった駐車場は、日の当たる原っぱになった。

　首里に住んで数か月後に、僕たち夫婦には子どもが生まれたのだが、その直前まで僕と彼女は、毎夜、首里の街を散歩していた。出産前の運動ということだが、次第に首里のすーじ小を探索する、という楽しみが目的になった。

　時は首里の秋の祭りの前で、あちこちの公民館で旗頭の練習が行われていた。首里は、王朝時代からの流れで「首里●●町」とかなり細かく分けられている。その町ごとに意匠を凝らした旗頭があるのだ。綱引き行事そのものは廃れてしまったのだが、旗頭はそれぞれの町の象徴として残り、「首里文化祭」と称される祭りの道ぢゅねー（パレード）で披露される(最近は「琉球王朝まつり首里」という名称に変わったが地元ではやはり「首里文化祭」なのだ)。これはかなりの見ものなのだけど、首里の人以外はあまり知らないだろう。僕たちは、公民館で練習しているときの鉦や太鼓、掛け声が聞こえる方向を頼りに、夜な夜なマタニティ散歩に出掛けた。公民館の多くはすーじ小が複雑に入り組んだ住宅地の中にあり、初めてその地域を歩く僕たちは、祭りの音の源流を辿っていこうとしても、なかなか辿り付けないこともあった。音が

首里儀保町。いまはもうないトックリキワタ

町の中で静かにあちこちに反響していたのだ。

今年（二〇〇七）僕たち家族は、十数年借りていたその家を離れたのだが、今でもその近くを通るたびに、件《くだん》のトックリキワタの姿を思い浮かべたりして、懐かしく愛おしくなってしまう。うちなーぐちで言うところの「なちかさん」という心持ちか。

市場に本屋があった頃

小学生の頃、僕にとって那覇のメイン・ストリートは、開南バス停から新栄通り（今のサンライズなは商店街）を抜けて平和通りへ、そして三越前の国際通り入り口直前の煙草屋の通り角を曲がり、国際ショッピングセンターへと続くコースだった。これは僕だけでなく、開南バス停を利用して、牧志の市場界隈で遊んだ同世代の人間にとっても、だいたいそうだろう。

僕にとってなにより重要だったのは、そのコースには、「みつや書店」「安木屋」「球陽堂書房」といった、那覇でも有数の本屋があったからである。本屋のはしごをしていたのだ。家から近い順に挙げてみたが、それぞれ「新栄通り」「平和通り」「国際通り」にあった。

今は三つとも、そこにはない。

僕が小学校から中学校にかけてもっとも通ったのが、みつや書店である。小二か小三の頃、木造建ての店舗が立ち並ぶ通りに五階建てくらいのビルが出来て、それがまるごとみつや書店だった。当時エレベーターがある本屋は、みつや書店だけだった。一階は雑誌や文房具・雑貨で（レコード・コーナーもあった！）二階は書籍、三階は画材などを置いていた。本屋のデパートといった雰囲気である。

小学校の頃は、ポプラ社のルパンやホームズなど子ども向けの推理小説を目指して二階への階段を駆けのぼり、子どもの棚の通路をウロウロしていた。

学校の図書館のことはまったく覚えていないけれど、みつやの二階の棚はだいたいの見取り図を描けるくらいには覚えている。階段昇って（二階まではさすがにエレベーターはほとんど使わない）、右手は普通の大人が読むであろう棚で、左側が子どもの棚だった。中学の頃から右側の文庫の棚をウロウロするようになり、本格物の推理小説を手にするうちに、「オヨヨ大統領」シリーズの小林信彦を知ることになる。なぜか吉行淳之介にのめり込んだのも、ここで『軽薄のすすめ』という文庫を買ってからだ。そんなことをよーく覚えているから、記憶って不思議なものだ。

安木屋は平和通りの真ん中に位置していた。細長い建物で三階までクネクネと階段が続いていた。少し薄暗く感じたのは、みつや書店や球陽堂と比べて建物が古かったからだろうか。その暗い三階には学習参考書のコーナーが充実していたはず。そしてなによりコミックスがたくさん揃っていて、子どもたちが多数座り読みしていた。でも僕に取ってここはいつもアウェイな感じがしていたのは何故だろう。

国際ショッピングセンターの一階にあった球陽堂は、国際通りに面しているだけあって、明るかったし、広かった。高校から大学にかけてもっとも通った本屋だ。ショッピングセンターの一階は待ち合わせによく使っていた広場があり、向かい側はA&W、二階に楽器店とか、三階はボウリング場や映画館、そして地下には飲食店街まであった。「てんぶす那覇」となっている場所だが、現在とは比較にならないくらい賑わっていた。あの頃はまさに街のへそだった。球陽堂書房はいろんなジャンルの雑誌、書籍の新刊を満遍なく置き、特に最新のサブカルチャー系の書籍は充実していたダウン・タウンの本屋だった。

同じショッピングセンターの二階に別館があって、そこは一階とはがらりと変わり、みすず書房の哲学書や詩集、晩聲社のルポ・ルタージュなどがずらりと並んでいる、ハイカルチャーな雰囲気だった。高校生の頃から覗くようになり、まぁそこではあまり買わなかったけれど、好きな場所だった。購読した数少ない本の中で今でも手元にあるのが、みすず書房の『好き？好き？大好き？』R・D・レインである。数年に一回くらいパラパラめくっては、球陽堂の二階で買ったことを思い出す。記憶の中の本屋の二階は、いつまでもリアルだ。

みつや書店は、二十一世紀になってまず二階が閉鎖され、それからある日突然倒産してしまった。午前中に新刊を納品し、その日の午後閉店したので、びっくりした。自分の子ども時

みつや書店あと。現在はディサービスセンター

代が消滅してしまったかのような寂しさを思いっきり味わってしまった。

安木屋の平和通り店は、いつのまにかなくなっていた。平和通りの人通りがいつのまにか少なくなったように。

球陽堂は、国際ショッピングセンターが九〇年代のバブル期の地上げにあって店舗は移転、国際通りを幾つか転々とした後に、那覇新都心・おもろまちにある県内最大のショッピングモールの一角に収まった。

こうしてみると、それぞれ見事に通りの現在・過去、そして未来を記《しる》していた本屋たちだった。

錆びていた体育館のカマボコ屋根

車で街中を走りながら、なんでもない光景を目にしてふと昔の想い出が蘇ることがある。でもそこにある、というのではなくて、無くなってしまった、というときの方が圧倒的に多いけれど。例えば校舎とか。

僕が学校をアルイテいた頃（だいたい一九七〇年代）、那覇市は校舎の建て替えの時期だったのか、中学校でも高校でも校舎が取り壊されたり、新しい校舎になったり、プレハブ校舎だったり、ということを体験している。沖縄戦のときにほとんどの学校が破壊されてしまったのだから、だいたいの校舎は戦後生まれだ。つまり三十年くらい、一世代経った頃だったのだろう。

高校一年生の夏休み、先生と生徒が協力して戦後建てられたという小さな校舎棟が、老朽化で壊された。もう使われなくなっていたけれど、古い音楽教室とかあって、時々忍び込んではピアノの上手な友だちにいろいろ弾かせたりしていた。クラスに一人、かならずピアノの上手な男子がいるのは、どうしてだろう。

その高校には同窓会が建てた講堂もあったのだが、これもまた老朽化で三年生の一学期に壊されてしまった。ここの舞台には祭壇のようなものがあった。それは沖縄戦で亡くなった生徒たちを祀ったものだ。僕の在学中に「三十三回忌」を迎えて、その位牌は沖縄のしきたり通り、処分されたようだった（つまり戦争から三十三年経ったということだ）。

数年前、卒業した小学校が五十周年になるというので記念誌に載せるエッセイを頼まれた。出来上がった記念誌には、僕の他に卒業生として、あの『ウンタマギルー』の映画監督・高嶺剛さんや、あの『カジヌムヌガタイ』の漫画家・比嘉慂さんが寄稿していた。こういうスゴイ人と一緒とは、ちょっとうれしかった。

小学校というと思い浮かぶのは、ぶ厚く積まれたブロック塀である。この小学校は、すぐ向かいが沖縄刑務所だったので、特に塀が高かった気がする。どことなく似ていたかも。とにかく校庭の様子は、まったくのぞけなかったのである。

現在は僕がいた頃の校舎は全て建て替えられて、その塀も取り崩されていた。学校の様子は、金網フェンス越しに眺めることが出来る。

ではあの頃の面影はまるでないかというと、そうでもない。校舎の後ろにあったガジマルはそのまま残されていた。あの頃、ガジマルにはキジムナーがいるということで、その証明にガジマルの根元に砂山を盛って、小さな階段を作っておくと、翌朝その階段の上に小さな足跡が残っていた……らしいと友だちに教えられた。あれから三十年以上経ったけれど、あいかわらずガジマルは大きかった。キジムナーのことは知らない。

そしてもうひとつ。僕が小学校一年生のときに建てられた体育館である。屋根の形がカマボコ状の、いかにも体育館しているやつ。当時大好きだったサンダーバード2号に似ているのだ。そのカマボコ屋根を見ると、学芸会の舞台で六年のお兄さん・お姉さんたちがバンドで、ビートルズの「レット・イット・ビー」を演奏しているのを聞いて驚愕したことや、もともとは墓場だったらしく、夜になると何かしら物音が……なんていう学校のウワサを思い出す。

最近は、あのカマボコ型の屋根は遠くから見てもわかるくらい強烈に錆びていたが、それもまた味があるものだ。いずれ体育館の想い出をこの連載中に書こうと心に決めていた。そしたらだ、つい最近車をいつものように走らせ小学校の横を通ったら、その体育館がまるごと無くなっていたのである。解体されたのだ。六年生の卒業式以来、一度も足を踏み入れたことがなかった体育館。考えてみたら四十年くらい経っていたのだなぁ……。

那覇は、戦後の記憶を建物に託すということはしない。古く錆びてしまえば、それまでのことなのだろう。しかし錆びたカマボコ屋根の体育館は、まだ街のあちこちに点在している。その姿は、やはり「レット・イット・ビー」（なすがままに）が、似合うのだった。

楚辺。新しくなった小学校の体育館

真和志。錆びたカマボコ屋根の小学校の体育館

崖の上のナファ

昔むかし、「那覇」と呼ばれる場所が、ひとつの島であったことは、よく知られている。

もっとも古いとされる琉球の地図は、十五世紀頃に朝鮮で描かれたものだが、しっかりと沖縄島から離れて浮かぶ島として記されている。今で言う安里川、ガーブ川の河口にあたるその島の周りは、川の淡水の影響であまり珊瑚が生育せずに、天然の良港となっていたそうだ。琉球王朝が首里に城を構え、その浮島である那覇を貿易・外交の拠点港として利用するにしたがい、当初小舟で渡っていたところに道を造り橋を架け、徐々にラグーンや干潟を埋め立てていき、十九世紀頃には完全に陸続きになっている。埋め立ては明治以後も続き、現在那覇の自然の海岸線はほとんど消え失せて、今日に至っている。

それでも戦前までは那覇の中心地といえば、海側の西町、東町、若狭町、久米村といった、かつての島だった場所だった。港があり、市場があり、官公庁に歓楽街がある、ぎゅっとまとまった街だった。しかし米軍の激しい爆撃により、その街のほとんどは灰燼に帰し、戦後、米軍占領の下、那覇の街の中心は、かつての対岸へと移った。今、那覇がかつて「浮島」であったことを知る人は少ない……。あれっ。

那覇もまた島のひとつだった、という事実は、意外と今でも重要なことじゃないかなと、最近、那覇の街を徘徊しつつ思うのだ。

那覇を流れる川は、この連載で書いたように、今や排水路の代わりみたいな扱いを受けているのだが、その形状を辿るとあることがわかる。首里、識名あたりの丘陵から流れてきた川は、くねりつつ流れているのだけど、ひめゆり通り、国際通りあたりで直線的になり、海へと流れ込んでいくのである。

これはたぶん浮島と沖縄島の間を埋め立てる土木工事で出来上がった川の流れなのだろう。つまり川の流れが直線的になるあたりが、昔むかしの海岸線なのである。

「前島」「泉崎」なんていう那覇の地名も、そのあたりがかつて島であり、岬だったことを物語っているようで、ふらりふらりと歩きながら、このあたりまでが海だったのかしらと想像する。いや、してみようと思う。その想像力を沸き立たせるものに、もっといいものがある。陸になってしまった岩と崖である。

沖縄の海岸線で琉球石灰岩が、波に浸食されて、下面が抉《えぐ》られたようになっている崖やキノコ状の岩をよく見かける。あれは「ノッチ」と言われる地形で、アメリカ大統領によく似た日本の芸人と同じなのは仕方がないとして、要するにああいう形がある岩や崖を陸地で見つければ、そこはかつて海岸線だったと見当つけられるわけだ。

観光ガイドブックにも載っている、那覇バスターミナルそばの「仲島の大石」や、若狭の集合住宅地そばの公園内にある「夫婦岩」は、比較的に海側に位置していて、見たまんま海岸にあった形を現在でも残している。ではもっと内陸部はどうだろうか。

那覇高校向かいの「城岳公園」の切り立った崖や、平和通りの裏にある「希望ヶ丘公園」の崖を見上げてみた。長い時を経て厚い土と緑に覆われているが、よく見ると、やはりそれは浸食された岩肌である。遙か昔、太古ともいえる時代、そこら一帯が海に面していたことを、その形状に刻んでいる。周囲から屹立しているその姿は、つまり「岬」の突端だったのではないか。そしておもしろいのは、そういうところはたいがい地域の人たちがお祈りする拝所になっている。昔から沖縄の人々は、海に突き出た突端の岬で拝んでいたようだ。

かつて那覇（ナパ・ナファ）は「浮島」であり、琉球王国成立以前から、海外諸国との結びつきがあったという。対岸の崖の上のこちら側から、沖縄の人々は、どんな思いでその島を眺めていたのだろう。かつての岬からは、もう海さえも見えないのだけど。

牧志、希望ヶ丘公園の崖

奥武山にある歴史案内板。「今の那覇は浮島だった」

那覇の町を
後ろ向きに漕いで渡る

２０１１〜２０１４

今、自転車を漕いで、那覇の町をあるいている。

例えば、奥武山の離れ小島を横に見ながら、外洋の風を受けて浪《なみ》がゆるりとうねる国場川沿い、自転車をシャーシャーと歩かせて、河口の明治橋へ。

運河・久茂地川と合流する橋のたもとを覗きこむと、ロープで欄干に舫《もや》われた小舟が数隻、潮のまにまに漂っている。

国道五十八号を横切って、那覇港側へ渡る。二〇〇九年開通した道路は埠頭により近く、米軍港からせり出す形でつながっている小島・御物《おもの》グスクは、思いのほか近くに迫ってくる。

僕がはまっている「那覇の町」は、ここから始まる。

この「那覇の町」というのは、いわゆる旧那覇のこと。戦争で消滅した戦前までの那覇周辺は、「町」とあてた方が、なんだかしっくりくるのだ。「町《マチ》」とは、つまり「市《イチ》」のこと。

那覇は、ずいぶんと昔から、港と市で成り立ったってきた離れ島だったそうだ。「浮島」と呼ばれたそこは、国際的な港湾都市として四、五百年の歴史的な厚みを持っていた。でもその場所に、かつての風情を偲ばせる名残りは、ほぼない。

だとすれば「西町」「東町」の「町」は、かすかにその歴史を今に伝える響きとして、なんだか特別な意味を持っているような気がしてくる。

那覇が島であったということは、歴史的な事実として知ってはいたけれど、その姿を思い浮かべることは今や至難の業だ。琉球王朝時代から近代、そして現在に至るまでの土木工事によって埋め立てられ出来上がったのが現在の那覇。いったいどのあたりからが、島だったんだろう。

でもそれは自転車に乗って現在の那覇をあるけば、なんとなく感じられるのである。要するに埋め立てられたところは、フラットなところである。道が平坦なのだ。坂道がない。ということは自転車を漕いで負荷が掛からなくなるところ。ざっくり言うと、国際通りから久茂地川にいたる、あのあたりからは埋め立てと考えてもいいみたいだ。逆にいえば、そこまでが沖縄島の海岸線。そしてそこから海峡を越えて位置していたのが、浮島としての那覇。

那覇市内を流れるいくつかの川に沿って、五十八号を自転車で越えて行くというのは、つまり海を越えて、島へ渡るということなのである。その昔、船を漕いで渡っていたであろう海峡を、自転車を漕いで渡る。そこまで妄想を膨らませた上でしか幻視できないのが、僕にとっての那覇の町なのである。

ここ十数年、僕が那覇の街角を「すーじ小探訪」なんて気取っていたのは、要するに戦後の那覇のことが知りたかったからだ。そして今度は、同じように、かつて島だった、今はもうない町のことを、探訪してみようと思っているところなのだ。

壺川ホウホウ

自転車使ってのあてのない散歩のことを「ポタリング」と呼ぶそうである。

「古《いにしえ》の浮島・那覇のことを思い浮かべながら、ひとり自転車でうろうろしています、ぐふふ」と、これまで単なる怪しい徘徊おじさんだったのだが、これからは「週末は、那覇をポタリングしています」とさわやかに言える。ポーとしている響きがいい案配だ。

さて今はない町や離れ小島、海岸、川沿いを想像しつつ自転車漕ぐためには、何かしらの知識が必要である。

そこで僕が今ガイドブック代わりにしているのが、沖縄の歴史学者・東恩納寛惇著『南島風土記』という沖縄・奄美の地名事典だ。初版が昭和二十五年だが、書かれたのはそれからさかのぼること三十年前で、その中に那覇周辺の地名やら歴史的事象が事細かに述べられているのである。

難しい漢字、歴史資料の引用はすっと流しても、なんとなく雰囲気はわかるので、かってにガイドブックにしたのだが、最近のガイドブックの百倍は、充分楽しめる。

書かれていることのほとんどは、今はもうない場所や事柄なのであるが、例えばこういうのがあったりする。

「壺川ホウホウ」。

初めて聞いた言葉だ。那覇のあの壺川に関することである。とりあえずモノレール壺川駅、壺川漁港あたりを思い浮かべてみる。奥武山の対岸、漫湖の河口である。

なんでもかつて壺川の住人らは、河口付近で漁をしていたそうである。

小舟を数隻並べて浮かべ、上げ潮に乗って、かけ声勇ましく水面を叩きながら、船を進めていく。

すると、驚いて追い詰められた魚が次々と船に飛び込んでくる。つまり、追い込み漁の一種なのである。そのときの勇ましいかけ声が「ホウホウ」というのだ。

那覇の名物として算《かぞ》えられているこの漁法が、すなわち「壺川ホウホウ」である。大声を出すというのだから、多分「ホー、ホー」という叫び声だったんだろう。

以前から壺川というところは、僕にとってどこかつかみどころのない、印象の定まらない地域だったのだが、そのルーツは漁村だったのか。この河口はかつて魚飛び交う豊かな漁場だった……。現在の景観を眺めるときに、こうした地域の忘れ去られた略歴を思い浮かべることも悪くはない。

「ほうほう」と静かに頷いている場合ではない。これからはゆいレールで壺川駅を通るときには漫湖に向かって「ほー、ほー」と叫ばなくちゃ……ということでもないが、壺川に今漁港があるということは、それなりにちゃんと歴史的な意味合いもあるんだなぁという感慨をこめて、川べりをポタリングをしているのである。たまに川面を魚がジャンプしているしね。

先日、テレビの旅番組を見ていたら九州（?）のある地域の追い込み漁法が紹介されていて、そのときのかけ声が「ホー　ホー」だった。もしかしてこのかけ声はけっこう広い文化圏を持つかもしれない。これもまた「ほうほう」と思うことだった。

壺川。国場川河口

松川の橋を渡る

僕が現在住んでいるところは首里の聖域のひとつ、弁《べん》が岳《だけ》の麓である。渡りのサシバがやって来るくらいの森があるので、麓と言っていいだろう。那覇市でもっとも高台に位置する場所なので、シャーと自転車を漕ぎ出せば、那覇の町に行くのには、下るのみ。首里は坂の町だ、行きはよいよい、帰りは……。

首里高校裏門の通りが昔のメインストリート・綾門通り（綾門大道）で、そこを過ぎると傾斜はぐっと増して、観音堂、都ホテルを横目にブレーキの音をキィキィ言わして松川へと至るこの道は、昔《んかし》琉球からの、なかなか由緒ある古道でもある。

中国の冊封使が、米国海軍のペリーが、そして琉球処分のとき、日本の松田某がここを通ったに違いない。

那覇と首里を結ぶ松川がその昔《んかし》んかし、交通の要所だったのは、安里川と真嘉比川の合流地点だったことも関係しているだろう。那覇・泊の湊《みなと》からジャンク船が茶湯崎《ちゃゆざき》橋というこのあたりまで上ってこれたらしいのだが、その面影はほとんどなくて、川は住宅地の中に埋没している。

でも自転車で川沿いを辿って走ると、ちょっとした発見がいつだってあるのだ。川道がくねくねとしている場合、あまり人の手が加えられていない、もともとの川筋だと思っていい。つまり古《いにしえ》の人々と同じ地形を辿っているはずなのだ。そう思うだけでぐっとこないか、きてほしい。

一方通行の狭い車道に入っていくと、川の合流地点を見つけた。小さな橋が架かっている。指帰橋《さしかえし》とある。

その昔、このあたりに妖精が出没して道行く人を迷わしていたという記録が『琉球国由来記』など古文書に残っているとか。川縁は住宅が迫っているのだが、那覇の川にありがちな排水路的な雰囲気とは違うたたずまいである。

自転車を止めて合流地点を見ようとしたら、欄干のところに赤い糸が結ばれていた。件《くだん》の妖精の仕業か、はたまた……。糸はそのまま川面に垂れていた。きっと近所の子どもが釣りのまねごとでもしていたのだろう。

川に目を移すと、小さな河川敷に大きなサギのような野鳥が一羽、すくっと微動だにせず川面を凝視しているのを見つけた。魚を穫ろうとしているのだろう、あの真剣さは。しばらく見ていたが、本当にぴくりともしなかった。ちょっとしたオブジェのようだ。

そのままいつもの那覇ポタリングに出かけたのが、午後一時頃。あちこち昔の那覇の町を想像しつつ自転車を漕ぎまくって、首里に戻るついでに、再び指帰橋《さしかえし》の赤い糸の欄干横を通ったのが、午後五時頃。

川面に目を転じると……あのサギ、まだ同じ場所にいたのである。まったく同じポーズであった。

もしかしてあの鳥こそ妖精に迷わされているのでないか。

そろそろ日暮れどき、首里の坂道を恐る恐る目指したのであった。

松川、指帰橋にて

今はない岬めぐり　オキナワノタキ

那覇は、何世紀にもわたる埋め立てによって姿かたちは大いに変貌した。古《いにしえ》の面影を偲ぶことは難しいが、それでもかつての地形はあちらこちらに現存していて、その小さき痕跡を見つけると、僕はおもわずポポポーンと、テンションが上がるのであります。

古《いにしえ》の地形ポイントのひとつは、突端である。要するに岬ですね。そういう場所は、だいたい拝所があり、何かが祀られている。岬は、人と神を結びつける聖なる場所なのだ。那覇でいうと典型的なのが波上《ナンミン》だろう。しかし那覇は、多く海岸線、川岸を埋め立てているので、よもやここがかつて陸と海との境目であったとはなかなか気がつかないことが多い。そのひとつが、安里の崇元寺通りのそばにある「浮縄嶽」である。「ウチナーヌ ウガン」とか「オキナワノ嶽」と読ませるその拝所名を、昔の地形図で見つけたときは、おっと思った。崇元寺の東南に位置する小高い丘に祀られてあるそこは、安里川の河岸の突き出たところ、つまり岬である。なんせ〝オキナワ〟と名がつく御嶽である。古来は「浮縄美御嶽」ともあり、〈美御の二文

安里。オキナワノタキ

敬は王家に限られるものであるから、これによって由緒並々ならぬことが察せられる〉（『南島風土記』東恩納寛惇）なのである。

見渡すその先は安里川の河口一帯で、浮島・那覇も面する内海、ラグーンが広がっていたはず。ここが〝オキナワ〟と称されるのであれば、その向こう側にある島はもう〝オキナワ〟ではないのだ……と妄想が膨らみ、これは是非行かねばと、自転車を漕ぎ那覇ポタリングした。

現在《いま》でいうと、新都心・おもろまちから崇元寺通りへ接続した新しい大通りの交叉点から、牧志のマックスバリュへ抜けるところである。こんなざっくりとした場所にあるんかいなと交叉点で信号待ちしていたら、すぐ見つけた。車で通るたびに見かけていた小さな朱の屋根の祠がそれだった。えっ、あっ、これね。拡張された道路によって白日の下にさらされた浮縄嶽は、そのちょこんとした佇まいがあまりにもかわいらしい。近くに行くとわかったが、確かにほんの少し小高くなった場所に祠があるのだ。やっぱり河口の岬だ。そしてその背後には御嶽を守るようにして、小さな森がある。数本の木々であるが、あえて御嶽森《うたきむい》と呼ぼう。ビルやアパートに囲まれていても、その緑によってかつての幽玄なる佇まいを偲ぶことができるのだから。

てぃーうさーした（手をあわせた・祈った）後に、かつての岬であった場所から、内海を臨んでみた。ゆいレールと道路しか見えん。しかし対岸には牧志公園がある。実はそこもまた御嶽がある、かつての岬だったりするのである。「那覇アースダイバー」な気分になるのだ。

そこに町家があった

海は多くの幸をもたらすが、また一方で思いがけない災いももたらす。戦前までの那覇の町を偲びつつ、徒然なるまま自転車を漕ぐ今年の春（二〇一一年）、かつての小島であるこの地形に、もし津波が押し寄せてきたらと、やはり想像してしまう。

天然の良港であった浮島・那覇は、それゆえに歴史ある港町として栄え、独自の歴史を積み重ねてきたが、一九四四年十月十日、米軍の空襲によって、ほぼその全てを失う。いわゆる「十・十空襲」である。その直後の姿が米軍撮影の航空写真で残されているが、ほとんどの建物が消滅したその町の様子は、東日本大震災の津波で破壊された港町の姿と重なるものがある。町は一瞬にして消えてしまうかもしれないと、心に刻んでおこう。今観ているこの景色さえ愛おしく思えてくる。

さて那覇ポタリングをしていると、ささやかな発見がある。戦前の那覇の痕跡を少しでも感じとることが僕の那覇ポタリングの目的であるが、適当な予備知識のままうろうろするのが面白い。小さな発見でも、自分で見つけたような気になるのだ。例えばこんな風に。

現在の東町郵便局や那覇市医師会ビルあたりは、昔の那覇の中心地といってもいいくらいの場所。中国からの使者の宿泊場所であった天使館や、那覇四町《なーふぁゆまち》の行政施設であった親見世《おやみせ》などがあり、戦前だと那覇市役所や警察署、さらに百貨店の山形屋などがあった。行政・商業の要ともいえるその場所は、今はまったくその気配はない。那覇市が設置している歴史の説明表示板がないと、そこが歴史的な場所であることは、まるでわからない。

その一帯を自転車でうろうろしていたら、ある駐車場のすみっこに、こんな掲示板を発見。行政が立てたものではない。

「昔この地に明視堂なる町家あり。」と始まるその説明によると、町家、つまりその商店は「親の為世の為」切磋琢磨し働き、「その結晶」として那覇市内の全小学校に二宮金次郎の像を送ったり、商業高校の奨学金を出したりした。しかし「昭和十九年十月十日の空襲により店は消失し人々は四散す」。働いていた人たちもみんなバラバラになって、戦後、この地に町家は再建することなく終わったらしい。時は流れ、山下恵三氏（店主か?）の五十年忌に、「（山下氏の）善楽一生の快さは各人の胸より消えず」当時の関係者が集まった。「ここに再会しきらめきし往事を語らい泪す。」。平成五年十月二十七日のことである。

この掲示板もまた、今は無き町の息づかいが浮かびあがる痕跡のひとつである。

昔この地に明視堂なる町家あり。
さても直心の人々すぐってこの店
に集い親の為世の為
「ハタラケ　トキワ　カネナリ」
を一から十まで符諜に切瑳琢磨し
商道に汗を流す、その結晶が那覇
市内全小学校に二宮金次郎少年が
薪を背負って本を読む八つの銅像
となり童心を励まし那覇市立商業
学校にては奨学資金を又大典寺境
内に万人墓となり寄辺なき人々の
魂を弔いしも昭和十九年十月十日
の空襲により店は消失し人々は戦
線に四散す。時は移り今は功名一
時の叢となるも山下惠三知愚居士
の喩せる善楽一生の快さは各人の
胸より消えず氏の五十年祭を期し
ここに再会しきらめきし往時を語
らい泪す。
平成五年十月二十七日
森田清三　町田稔
荻堂盛逸　山下秋男
田中康男　外山貞男
浜田清二
浜田ハマ
町田ミエ
東町、明視堂あと

明視堂
電話
五拾六番
明視堂
戦前の明視堂（那覇市歴史博物館提供）

橋の怪「仲西へーイ」

那覇は、もともと小さな浮島であった。現在は長年にわたる土木工事の結果、河口のラグーンに位置した小島や岩礁は地続きとなり、海岸線にあった奇岩や干潟などは、道路や建物に呑み込まれている。しかし地名を見ると、「前島」「泊」「泉崎」「仲島」など、海岸の浅瀬に位置する小さな島々の様子が微かにうかがえる。

そしてそんな場所にはだいたい橋が架けられている。泊高橋、崇元寺橋、泉崎橋、美栄橋などは今もよく知られているが、こうした橋を渡って浮島・那覇へ人々は行き来していた。那覇は、大小さまざまな橋が存在する都市なのだ。

〈橋は、端っこの「端」であり、場所から言えば、地域の一番はずれになっているが、ここはまた同時に辻にもなっている〉

（『妖怪の民俗学』宮田登）

辻というと、那覇では色町が存在した地名であるが、民俗学者宮田登氏によれば、〈霊力と関わる場所として想定されているのが、民俗学上、「辻」と「橋」と（ママ）である。「辻」も「橋」も、独特な民俗空間と考えられているのである。「辻」は「つむじ」と同様の性格を持つ言葉で、人々が集まってくる場所である〉のだ。

もっとも「辻」はもともと、うちなーぐちの「頂き、もっとも高いところ」という意味合いの「チージ」に、漢字の「辻」をあてたようである。

しかし、やはり橋を渡る、ということは、境界を越えて、独特な民俗空間へ移行することなのだ。したがって橋や辻には、古来より様々な伝承がつきものである。つまり幽霊、妖怪のたぐいである。

当然那覇の橋にもそれなりの〝怪〟が言い伝えられている。その中でも最近僕がもっとも気に入っている妖怪が「仲西へーイ」である。若狭から泊高橋へと向かう浜道の途中、塩田があった前島の潟原に架かっていた潮渡《しおわたり》橋に出没した。

どうゆう恐ろしいことが起こるかというと、アコークローの夕暮れどきに、潮渡橋から向こう岸に向かって「仲西へーイ」と呼ぶと、「へーイ」と応えて仲西が出てくるというのである……それだけ。

それって、ただ近所に住んでいた仲西さんが呼ばれて出てきただけじゃないかと思うかもしれないが、ちゃんと妖怪として、方言学者、沖縄学研究者の金城朝永が記録した「琉球妖怪変化種目」という民俗資料に出てくるのだ。いったいその仲西なるものがどこの誰なのか、その姿かたちがどうだったのか、詳しいことはよくわからないのだが、なにより思わず脱力してまぶやー落としてしまいそうになる響きが良いのである。「仲西へーイ」、名前だけでも覚えといてください。妖怪ファンの一部で実は人気者なのである。(比嘉春潮「沖縄の神隠し」によると、仲西へーイは神隠し的なことをするらしい)

さて問題の潮渡橋なのだが、これが今も一応名前は残っている。なんと国道五十八号の架橋なのだ。「仲西へーイ」の頃とはだいぶ違うだろうが、僕は那覇ポタリング中、その橋を渡るたびに、つい「へーイ」と呼びかけてしまうのである。その姿こそ、周りから見ると一種の〝怪〟かもしれない。

前島。現在の潮渡橋

戦前の潮渡橋（『写真で見る旧泊の変遷』とまり会編より）

落平《うてぃんだ》樋川《ひーじゃー》でつかまえて

日差しの強さがハンパない夏の一日、自転車乗って那覇の町をぶらぶらするのには、なかなか覚悟がいる。よってしばらく那覇ポタリングしていなかったのであるが、ふと思い立って午前中、奥武山《おうのやま》あたりでペダルを漕いでみた。

奥武山公園の駐車場に車を置き、折りたたみ自転車を取り出し出発。まぁこの時点で激しく暑いのであるが、風は心地いいのだ。だってここは、ちょいと昔、海の上だったのだからね。

奥武山はもともと国場川の河口、漫湖に浮かぶ離れ小島である。松がきれいな風光明媚な島として知られていたが、明治になって公園として整備されて以来、幾度かの埋め立てにより、垣花側と地続きになっている。今ではこの一帯が島であったことを意識する人は多くないだろう。

奥武山を挟んで、那覇港の対岸の垣花には、浮島・那覇にとって大切な水源である落平《うてぃんだ》と呼ばれる樋川《ひーじゃー》があった。湧き水が崖から海面に直接落下していたことからその名がついたとい

垣花。落平樋川

う。水源が乏しかった那覇に生活用水を供給するために、この樋川に伝馬船を接岸して、桶に水を溜めて運んだというから、かなりの水量があったことだろう。

「沖縄セルラースタジアム那覇」（要するに奥武山の野球場だ）の南側にある落平を見に行く。崖状の地形はわずかに残っていて、細く小さくにじみ出ているせせらぎがある。絶え間なく車が通りすぎるこの場所に伝馬船が浮き並んで水を溜めていたといわれても、その姿を幻視することは、物好きな我が想像力を駆使しても難しい。

でも僕がまだ少年だった頃、このあたりをバスに乗って通るたびに、崖の窪みからぽとぽとと水が滴り落ちていた印象的な風景を覚えているのだから、復帰前後もある程度は、落水《らくすい》の面影があったのではないだろうかと、おっさんになった今、しばし思案。

コンクリートで固められることなく、わずかながら緑が茂っている落平の一角だが、僕は自転車で通るたびに、この斜面を手作りの花壇のように整備している男性を見かける。本当に毎回いるのである。同じ人なのかどうかもわからないのだけど、今日もいた。多分地域の方だと思うのだが、その姿は、ここがかつてとても大切な場所であったことを伝えてくれる。地形が残っていれば、まだ物語は続いていくのだ。

その横は、落平の崖を覆い隠すように、沖縄県住宅供給公社のビルがある。面白いのは、このビルを突き抜けるようにして、落平樋川の注ぎ口が今も設置されているのである。一種の記念碑として残したのか、あるいは沖縄では樋川は拝所でもあるからつぶせなかったのだろうか。よく見ると、「ウティンダ　一九七六年六月二十七日」と表示されている。なるほど僕の記憶の中の、水が滴るウティンダ・落平は、その頃に消滅したのかもしれない。

ぼとぼとと勢いもなく流れる水に手を伸ばしてみる。暑さがほんの少しだけ和らいだ気がした。

落平樋川

「本の駅」でひとやすみ

那覇の街からここ数年急激になくなっているものがある。「街角」である。

油断すると僕も「角が取れて、人間丸くなったなぁ」なんて言われる年齢《とし》になったのだが、街もまた時間が経ち都市《とし》になると角がなくなってしまうとは、思いもよらなかった話である。

街角の本屋、街角の喫茶店、街角のレコード屋、街角のパチンコ屋、街角の文房具屋、街角の電器屋などなど、この数年、いや二十世紀の終わり頃からだ、かつての商店街通りのたまり場的なチャームポイントが、島の渚・干潟・ラグーン同様に消滅しているのだ。例えば、今年(二〇一一年)に入って安里から泊にかけての崇元寺通り沿いにあった沖書店と太陽書房が続けざまに店を閉じた。二十五〜三十年くらい続いていた街角の本屋さんだ。よく新刊を納品しに行っていたので、正直寂しい。

ふと那覇の「今はなき街角の本屋さん」がどのくらいあったか、記憶をたどってみたら、二十店舗くらいはすぐに思い出した。那覇って、かつて映画館の街であったように、実は本屋

若狭。ちはや書房

若狭。言事堂

さんの街でもあったのかもしれない。

そんな失われつつある街角を求めてさすらう那覇ポタリングの途中で、ひと休みするためによく立ち寄る場所がある。それは古本屋さんである。

このご時世なのに、那覇の街に個性的な古本屋さんが、ほんの少しだけ増えた。客として通ううちに、ちょっとした知り合いとなり、本を選びつつおしゃべりにつきあってもらったりしていた。基本的に気が優しくてへんてこりんな店主が多いのも、非常に好ましい。

そしてこれがまたうまい具合に、もともとあった古本屋さんと合わせて、僕のポタリングのコースである奥武山、若狭、泊、牧志あたりにあるのだ。そしてそれらは全て、昔の那覇の岬・御願所跡に位置しているのである（嘘です）。

ペダルを漕ぎ疲れて店の前に自転車を停めると、良い意味で暇そうに店番している彼らにあいさつして、少し立ち話、できたら座って冷たいものでも飲みながら、汗を入れる。もちろん棚を眺めて、気に入った本があれば、荷物を増やす場合もある。昔の那覇の地図の付録を蔵書の中から探してもらって、次のポタリングコースの参考にと見せてもらったりもする。

要するに、「道の駅」ならぬ那覇ポタリングコースの「本の駅」として、活用しているという次第である。

いつかその「本の駅」を結んで、那覇のあちこちの街角で、へんてこりんなブックフェアを開催したい！　という野望を秘め、僕はこの春から夏にかけて自転車漕ぎつつ、浮島・那覇の幻想の地形図の上に「本の駅」のポイントを落としていた。そうすればまた新しい那覇の街角が誕生するかもしれないと思いつつ。

追記　「へんてこりんなブックフェア」という望みは二〇一三年十月に行なわれた「ブックパーリーＮＡＨＡ２０１３」でかなえられた。なにごとも言ってみるもんである。

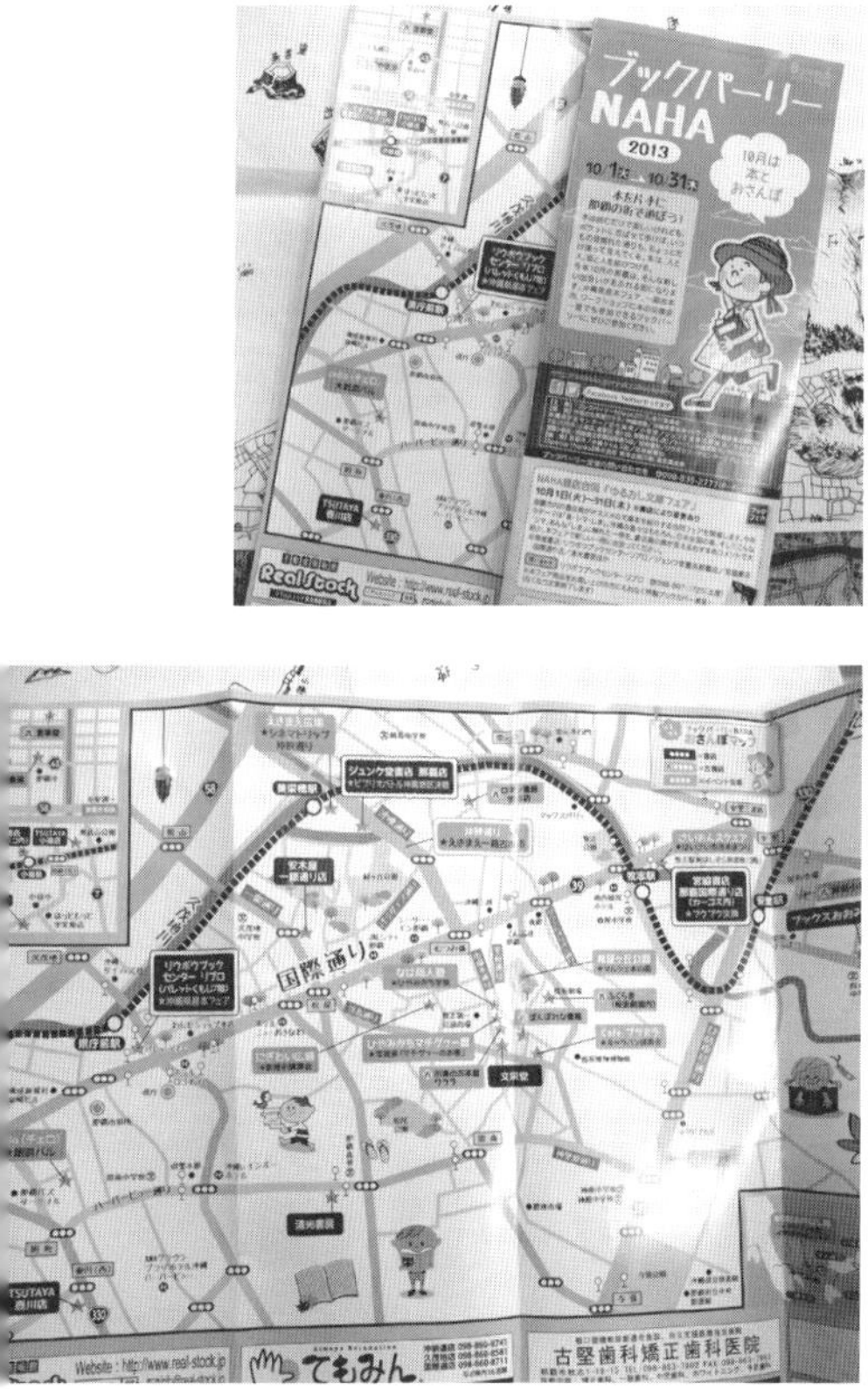

「ブックパーリーＮＡＨＡ 2013」のマップ

雪の岬に立つ

「沖縄にも雪が降る」というのは、「日本復帰」の際、当時の僕のような小学校低学年の間で噂された有名な話だが、那覇に「雪」にちなんだ地名があることは、古《いにしえ》の那覇の町ポタリング、「今はない岬めぐり」をする四十代後半になるまで知らなかった。

旧那覇の歴史・民俗地図で見つけた、その名も「雪崎」。若狭町の北側の海に突き出て、波上と相対する。〈ユーチヌサチ〉と呼ばれていたそうだ。

亜熱帯の小島の岬に白い雪がふわふわと降り積もるファンタジーな光景を夢想し（沖縄の人間に雪景色の描写は出来ぬ）、これはぜひ探さねばと古地図たよりに、現在の若狭をぶらぶらしてみたのだが、よくわからなかった。

那覇の海岸線は、その原型をほとんどとどめていないが、かつての岬、突端にあたる場所はだいたい御願所となり、わずかながらその地形の痕跡を残していることが多い。雪崎も、海側の拝所らしき場所を探せばどうにかなるのでないかと思ったのだが。

疲れたので、若狭の美術系古書店「言事堂《ことことどう》」に漕ぎ寄る。すると、店主のMさんは「雪崎」のことを知っていた。若狭周辺のまち歩きの公民館講座に参加したときに「雪崎」も通ったのだそうだ。というか、それ以前に、近所だしね。

若狭小学校の裏にある海浜公園に、やはり御願所として、周辺の方々に拝まれているらしい。再び自転車を漕ぎ出し、雪崎へと向かう。さっき通り過ぎた歩行者用道路のすぐ横に、かつての若狭の岬はあった。確かに岬の突端らしき岩場が、公園の芝生に埋もれつつも残存していた。

若狭。雪崎の拝所

戦後、那覇を管理していた米軍が土地整備のためにユーチヌサチ一帯の海岸をダイナマイトで破壊して整地した。若狭地区はその後埋め立ても進み、住宅地が広がった。

拝所ゆえに手を合わせてから、周りより少し小高い雪崎に登ってみる。見渡してもこれといった景色は見えないのだが、目をつぶれば、確かに眼下に潮の流れを感じることができる。はらはらと雪さえも降ってくるではないか（妄想中）。これも、ほんの少しでも地形の痕跡を残しているからだ。古《いにしえ》の島人もここから西の海や泊の海を眺めたに違いない。

小さな祠と小さいが立派な石碑に香炉が三つある。石碑は「弥勒神」「土帝君」。そして「美女留」とある。先の二つはよく見かけるのだが、最後の美女は一体？　あっ、「びじゅる」の当て字かもしれないなと予想する。沖縄の霊石信仰だが、地域によっては「子宝」とも関係しているから、なんとなく納得する当て字だ。夢野久作の小説の登場人物と似ているのは偶然か？（小説「白髪小僧」に出てくるのは、美留女姫）。

ちなみに「雪崎」も当然当て字である。毎度おなじみ『南島風土記』によると、「支那人雪崎山に作る」とある。方言名の「ユーチヌサキ」は、岬の形が「斧」（ユーチ）に似ているからとのことだ。

「斧崎」だったら、だいぶイメージかわるなぁー。

若狭。雪崎の名残り

街をかける釣り人

最近、那覇のまちでも自転車を走らせる人を見かけるようになった。先日、那覇の古書店「ちはや書房」店主と例によって店先で雑談しているときに、そんな話になった。

彼は県外から数年前那覇に引っ越してきたのだが、自家用車を持っていない頃は、主に自転車で用事をこなしていた。すると那覇の町を自転車で走っても、自転車に乗った大人とほとんどすれ違わなかった、というのである。たまに国際通りですれ違うと、その顔つきからして、やはり同じ他県から引っ越してきたような佇まいの人だったかな……。その頃と比べると、最近は普段でも自転車に乗っている地元の大人の姿が増えているらしいのだ。

我々うちなーんちゅは、そもそも自転車にあまり乗らない人たちと思われている。まぁ確かに通勤、通学や買い物など、他府県の方々にとって自転車は、日常生活の中で確固たる位置をしめている。翻って沖縄県民が自転車を使いこなしているとは言い難い。自動車社会化がますます進む沖縄県において、自転車が日常生活の足として今後どの程度活用されるか、注目したいところだ……。

などとしたり顔ですましている僕だって、那覇の町を趣味的回遊するとき以外に自転車を漕ぐことはほとんどない。自家用車に折りたたみ自転車乗せて活用する程度の嗜みである。それでも自転車を活用している人種はよく見かける。釣り人である。

安里川、久茂地川沿いの道を港に向かって漕いで行けば、だいたい、いや必ず彼らはいる。釣り竿片手に、自転車をひょいひょいと操って、いきつけの橋の上とか桟橋の端っこに通っているのだ。僕は、釣りとウージトーシをしないうちなーんちゅなので、どちらもいつ頃からシーズン突入なのか詳しいことは知らないが、釣り人に限っていえば、彼らは、ほぼ年中さまざまな水辺に張り付いている。

桟橋や堤防に車を横付けして、がっつり本格的に釣りする人もたくさんいるが、自転車漕ぎの釣り人は、例えば奥武山公園の中に入り、川沿いに釣り竿を固定したまま寝っ転がっている。朝ご飯食べた後に、そのまま来たよーって感じの普段着《やーからちゃー》のおじさんたちだ。

釣り竿を立てて、友だち数人で連れだって、川沿いを自転車漕いでいく中学生たちもよく見かける。いかにも楽しそうだ。海から離れた町なかの橋から釣り糸を垂らす小学生もいる。安里川の中流の蔡温橋をさらにさかのぼって、住宅地の中を細く流れる、排水路にしか見えない支流に架かる小さな欄干から、親子で釣りしているの見かけたときは「そこまでして」と声をかけたくなった。

どうということもない時間を過ごしている釣り人たちとすれ違うとき、ふとうらやましいという気持ちになる。何か一歩だけ日常から外れている感じ。いつか僕も釣り竿立てて自転車を漕いでみたいものだ。釣るか、釣らないかは別にして。


那覇空港へ向かう道の側に米軍が管理する那覇軍港がある。かつて我々が自由に行き来できた海岸があったことを忘れさせるかのように、日米安保仕様の金網が長く続き、「米国陸軍施設」の看板がフェンスのあちこちに取り付けられている。曰く「米国用地に無断入ることを禁止する」。

ある日、那覇軍港のフェンス沿いに自転車を漕いでいたら、その看板のそばに後から取り付けた類の貼り紙を見つけた。曰く「釣り禁止」。

日米安保の間隙をぬった輩がいるのですね。

思わず「すごいな、釣り人」と呟いてしまった次第である。

那覇軍港と那覇港

U.S. ARMY FACILITY
米国陸軍施設
UNAUTHORIZED ENTRY PROHIBITED
AND PUNISHABLE BY JAPANESE LAW
米国用地に無断立入ることを禁止する
違反者は日本国の法律に依って罰せられる

今はなきカツオ節屋

母親は、慶良間《けらま》諸島にある渡嘉敷《とかしき》島の生まれである。幼い頃、船に乗って、那覇の町にやってきた記憶があるという。もちろん戦前の那覇である。当時、渡嘉敷島の連絡船は、現在のように泊港でなくて、那覇港に着いていたそうだ。賑やかな東町、西町の様子も覚えている。幼かった母は、祖母におんぶされて、当時西町にあった百貨店の山形屋に行って、知らず知らずのうちに売り物の綺麗な櫛を手にしていて、店員のお姉さんに注意されたそうだ。笑いながら、僕に何度もその話を繰り返す母は、戦後、島から出てきて、山形屋に就職した。沖縄戦で壊滅的な被害を受けた旧那覇市街地を離れ、山形屋は、戦後那覇の復興の始まりとなる壺屋近くの神里原《かんざとばる》通りで営業していたそうだ。僕が覚えている山形屋は、中心商店街として栄え那覇の顔となる国際通りに移転してからのことだ。

実家が開南にあった僕は、小さいときからずっと平和通り、国際通り界隈で、母親に連れられて買い物をしていた。人波でごった返す開南バス停を抜け、公設市場に向かう途中の新栄通り（現サンライズなは商店街）で、いつも立ち寄るカツオ節屋があった。元気のいい、顔の骨格のがっしりしたおばさんに(売り物に顔が似てくるのだ)ちょっとした挨拶をするのである。どうやら渡嘉敷関係の知り合いらしかった。それ以上特に気にすることもなく、僕も店の前を通るときには、いつも目を合わせ、挨拶していた。

　時代は流れ、ざっと四十年ほどたち、アメリカ世から復帰ぬ世、そして二十一世紀を迎えた現在、めっきり人通りの減ったその通りに、カツオ節屋のおばさんの姿は、もちろんない。いつのまにか通りは、シャッターが目立つようになっていた。カツオ節屋がなくなったのは、いつ頃だったのかさえ、もう記憶にない。

　何度も同じ話を繰り返す母に、ふと、なぜいつもカツオ節屋のおばさんに挨拶していたのか、聞いてみた。

「ああ、あのおばさんは、戦前は那覇の港の近くで『慶良間宿』をしていたから。渡嘉敷の人は那覇に出るときは、みんなそこに泊まっていたんだよ。小さいときから私は、あのおばさんにかわいがられていたねー」

　戦前、離島の人たちは、それぞれ定宿があったということは、聞いたことがあった。なるほど、戦前からの付き合いだったんだ。「宿」は、「やーる」と発音する。戦前の那覇港界隈の慶良間宿から、戦後の平和通り界隈のカツオ節屋へ。那覇市場《なーふぁまち》界隈の記憶は、知らずに知らずのうちに、僕の歴史の中にも流れていた。

さっそく旧那覇の歴史地図で慶良間宿があった場所を確認し、自転車を走らせた。かつて渡地《わたんじ》と言われた海端の一角だ。

もちろんそこには、何にも痕跡はなかった。でもかろうじて、母の話をたよりに、もう一度カツオ節に似たおばさんの笑顔を思い出すことは、出来るかもしれない。

(特に若い人たちのために一言付け足すと、渡嘉敷島は戦前と戦後しばらくまでカツオ漁が盛んで「慶良間カツオ節」は有名だった)

新栄通りの面影残すサンライズなは商店街の一角

かつての渡地あたり。たぶん慶良間宿があった

書を持ち、幻想の街・那覇へ

風景としての那覇の街角を意識するようになったのは、一冊の本を読んでからだ。『幻想の街・那覇』は牧港篤三氏が一九八六年に新宿書房より上梓した「珠玉の連載エッセイ集」である(「新沖縄文学」連載)。マイ・フェイバリット・沖縄本と言っていい一冊。

牧港氏は、一九一二年那覇生まれの沖縄を代表するジャーナリストであり、詩人である。

〈この憎めない街にかかわってきた以上街に対する追憶(歴史)や生活のヒダのような思いがある。それらのことをどちらかというと気ままなタッチで描く、一個の都市に対する生態系、心象風景の素描画に仕立ててみたいというのが願望であった〉

見慣れた風景、とさえ意識することもなく、那覇の街でぬるんとぅるんと生活していた二十代の僕は、その風景がどのような気配を持ち、歴史的なヒダを隠し持っているのかなんて、想像もしていなかった。それが、かつて存在していた戦前の街と、戦後、蜃気楼が立ち上るように現れた創生期の街の記憶を重ね合わせて、現在の街角の心象風景を素描した牧港氏の文章を読むことによって、初めて那覇の街の記憶に触れたいと思った。

〈しかし、街が幻の所産であることはまちがいない。あの那覇の旧市街が、一日のうちに忽然と消え去るのを、この目でたしかめた以上は否めようのない事実だからである〉

牧港氏が切り取った那覇の街角は、一九七〇年代後半から八〇年代前半である。しかし今年、ひさしぶりに読み始めても、その印象はまったく色あせないどころか、現在の那覇の街並みと重ね合わせることによって、さらに素描の深度が増しているのである。あれから街は変貌し、さらに都市景観として、幻想の街・那覇は、さらなる曲がり角を迎えようとしている。

何度めかの再読をした翌日、僕はバッグにその本を忍ばせて、今年最初の那覇ポタリングに出掛けた。『幻想の街・那覇』で描かれた街角と重ね合わせるには、牧港氏のように時の流れから少し身をかわして漂うのがいいのだろうが、僕はもう少し自転車のスピードで、街を眺めてみたいと思う。

首里を下り、ひめゆり通りから安里十字路へ。高架橋下の横断歩道でしばし信号待ちをする。

するとふと忍ばせていた本から、安里交叉点付近の素描が漏れてきた。

〈私にとって、地形は戦争であり、戦争が地形に変わったりもする。あの田園がどうして消え去ったのか、四十年近い歳月はもう語ってもくれない〉

戦後、人々の復興への躍動と立ち上る熱気を具現化した那覇の街並みは、今、さまざまな地形を削りとることによって、あらたな幻想を生み出している。

僕は気が付かないふりをして、信号が変わると、ビルの後方に隠れている、安里八幡宮へ続く坂道へ、しずかに自転車を走らせた。

安里八幡宮

哀愁の那覇ぬ町に霧が降るのだ（上）

四年に一度、オリンピック・イヤーに開催される高校の同期会の話し合いが、旭町のビルの一角であった。歳を重ねるとやたら同期・同窓会の類が増える気がする。話し合いが終わる頃には、宵も進み、こりゃいい案配だと、そのままむかし那覇ぬ町界隈へ、ひとり呑みに行くことにした。

風が湿りがちなのは、海岸を埋め立てた土地柄か、それとも雨の気配か。まぁ濡れるのも乙なものと、古《いにしえ》の海岸を偲ばせる仲島の大石がある泉崎、那覇バスターミナルの傍《かたわら》をそぞろ歩き、旭橋を越えて国道五十八号を横断すれば、そこは東町。那覇四町《なふぁゆまち》のひとつで、戦前まで那覇の大市場、つまり沖縄一の市場があった、まさにその一角である。

川を越えるということは、異界へ渡ることと同義である。いつも昼間、那覇ポタリングするときは、昔の町並みを思う。つまり時間を越えた旅を想定しているのだ。今日は春の宵、ネオンがちらつくパチンコ屋あたりにうっすらと、ガジマルに囲まれた露店の市場の様子が透けて見える。これもすでに一杯引っかけてきたほろ酔い故か……。

東町にあった大市場《うふまち》は、十四〜十五世紀頃の琉球王国時代から続いていた。肉や魚や野菜、豆腐といった食材や、ヤチムン、松明や布といった雑貨、さらに海を越えて東南アジアや日本からやってきた磁器や反物なども並び、売り手であるシマの女性たちにまじり、異国の人の姿も見かけるという、なんとも国際色豊かな市場であったという。

近代化した明治以後も東町は、新しい商店街通りと市場が集まった中心商業地域だった。しかし市場の露天が立ち並ぶバザール的な佇まいは、一九四四年の「十・十空襲」ですべて消え去った。その民俗的記憶は、戦後、壺屋、開南、ガーブ川・牧志一帯で、沖縄人の無意識の立ち居振る舞いの中に蘇り、新たなバザール空間が自然発生的に出来上がった、というのが、最近の僕の実感である。

しばらく夜の東町界隈を歩いてみる。

小雨がちらついて、霧のようにしっぽりと町を包み込んでいる。戦後米軍から土地が開放され、あらためて都市計画に基づいて整備されたのだろう、通りは裏道にいたるまで直線的である。

昔からのこぢんまりとした佇まいの居酒屋やスナックビルが並んでいるが、住宅地と接しているためか割と静かで、看板の明かりでさえも、ほの暗い気がする。昔で言うところの「東下がり」あたりをぶらついたあとに、知り合いのモコちゃんに教えてもらった「わくた」という、表通りに面した居酒屋にひょっこりと入る。ちょうど市場があったあたりで、名前がいい。壺屋焼のルーツのひとつである「湧田焼」と一緒だ。湧田は、失われた那覇の地名のひとつ。失われた市場を偲ぶのにふさわしいかもしれない。

店に入りカウンターに落ち着いて、すばやく生ビールを注文し、店内をみたら、山原《やんばる》色満載だった。それもまた良し。

哀愁の東町の夜はこれからなのだ。

東町と西町の境

大門通りにて（「昭和のなは」復元模型　那覇市歴史博物館所蔵）

そこに街があった　宮城県沿岸を訪ねて

那覇空港を朝七時過ぎに飛び立ち、羽田を経て新幹線で北上して、僕たち家族三人が仙台へ着いたのは午後一時過ぎだった。この時期に家族旅行として宮城県を選んだのは、いろいろ考えた果てのことだった。

仙台の出版社「荒蝦夷《あらえみし》」の土方正志さんたちの案内で、僕たちは三泊四日の旅のほとんどを、大津波が襲った沿岸の被災地を訪ねることに費やした。土方さんたちは震災直後から、道路が分断され容易にたどり着けなかった被災地に入り、取材を続けてきた。恐るべき量の瓦礫とものすごい臭いが充満していたという。閖上《ゆりあげ》、若林区荒浜、野蒜《のびる》、石巻、大川小学校、南三陸町防災庁舎、大谷海岸、岩井崎、気仙沼……震災報道で何度も聞いた場所である。津波はどの場所にも容赦なく壊滅的な被害をもたらしていた。

最初に訪れたのは、仙台市街地からすぐの名取市閖上。高速を下り車を走らせていくと、突然なんの脈略もなく広大な空き地が広がっている。遥か遠く地平線さえ見える。あまりにも広々としていて、説明されなかったら、そこが被災地であることさえわからないような空白。僕が知っている中で、似たような景色があるとすれば、土地整備されたあとの米軍基地の開放地か。もしくは、沖縄戦直後の写真である。

土方さんは案内しながら、何度も「信じられない光景なんですよ」と言う。これには二つの意味がある。よくぞここまであの大量の瓦礫の山を撤去したものだという意味と、そもそもこは、かつて普通の住宅が建ち並んでいた街だったということだ。「港が近くて、このあたりに美味しい寿司屋があったんですよ」と、土方さんは何もない、かつての商店街の街角を指さす。

初めて見た光景に、僕は発すべき言葉がなかった。この巨大な空白を生み出した津波の力を実感しようにも、その術がないのだ。建物の基礎のコンクリートだけがわずかに生活の痕跡をとどめている。しかし実際その場所にいるのに、そこが街だったことを想像できない。ただ呆然とするだけだった。遠くにぽつんぽつんと建物が見える。しかしそれも近づいて見ると、津波でぼろぼろになり使用できない建物だけなのだ。

津波被災地の多くは港町であり、そして住民に親しまれてきた海水浴場であった。豊かな漁場を持ち、白い砂浜が遠くまで続く、実に風光明媚な土地ばかりだった。今は人の気配がない街のあちこちに花が手向けられており、僕たちの旅は、そのまま慰霊の旅になっていた。

〈例えば、テレビに映し出される瓦礫の山は、多くの人たちにとって即物的な壊滅の風景だったに違いない。だが、被災地の私たちは瓦礫としかいいようのない残骸の〈3・11〉以前の姿を知っている。瓦礫の山がどんな町をつくり成していたのかを、そこでどんな日常が営まれていたのかを知っている。それをこそ伝えるべきではないかといま思っている〉

と、土方正志さんは、あるコラムで書いている。

いまだこの気持ちをどのように言葉にしていいのかもわからない。でもせめてあの空白の風景だけでも心にとどめ、いつまでも忘れずにいたいと思う。

街は忘れ去られたとき、本当に失われてしまうのだから。

名取市閖上地区

三重グスクの先にあるもの

この五月に祖母が、生まれ島・渡嘉敷の自宅で、享年一〇五の天寿を全うした。これといった病気もなく、与えられたいのちを、ほぼ残らず使い果たして、いつもの朝に、静かに眠るように旅立った。祖母の世話をしていた姉から電話があったのは、亡くなってすぐだった。その日の午後、島に渡ることの出来なかった僕と母は、少しは気も落ち着くだろう思い、三重《みー》グスクに向かった。

今はホテルの裏に隠れるようにしてある、那覇の岬の突端である三重グスクは、離島を故郷とする者とっては御通し《うとぅーし》（遥拝）をする遥拝所である。グソー（あの世）の正月である旧暦一月十六日「ジュールクニチ」には、島に帰ることの出来ない人たちが、この場所からお重を供え、手を合わせる。また旅先で亡くなった人の魂に向かって手を合わせるのも、ここである。ユタさんの姿もよく見かける御願所だ。

ひとり娘として最期を看取ることの出来なかった母は、その無念さと、天寿を全うしたことへの感謝の気持ちをこめて、海の向こうに手を合わせた。

三重グスクは、琉球王朝時代には、対岸の屋良座森《やらざむい》グスクとともに、那覇の港を守る砲台が設置されていたという要塞である。ちなみに現在の対岸は米軍が支配する軍港地域である。

昔那覇《んかしなーふぁ》の西町から三重グスクに至るまでの道は、そもそもは海上に伸びる長堤だったが（要するに海中道路）、明治以後、一帯の海岸が埋め立てられ、その面影はほぼない。三重グスクにも灯台が建てられ、知らない人からすると、ホテルの駐車場の裏、といった案配である。

でも僕は時折、何の行事とも関係なく、三重グスクへ行くことがある。那覇の日常からの脱出である。街の喧噪もここには届かない。時の流れも、波のように静かに寄せて返すだけのようだ。

そもそも長堤で陸地と繋ぎ、要塞として石垣が築かれ城《グスク》となる前から、ここは聖域だったのではないだろうか。グスクの基礎となった海上に浮かぶ岩礁は、小さな離れ島のようだったに違いない。こういう奇岩的な佇まいが信仰の対象となるのは、よくあることである。

離れ島（岩）が陸と結ばれ、岬の突端となり、要塞としての機能が失われた後も、遥拝所として現在まで残り続けたのには、それなりの理由があるはずだ。

岬は、陸と海が接する境界である。

それは「この世」と「あの世」の境界の象徴でもある。岬の「さき」とは「先」、つまりこの世の先にある世界との境界・インターフェイスとして聖域（御願所）となる。だからこそ人は別れの気配を感じると岬へと向かうのだろう。
それは島である我々の宿命かもしれない。

祖母が亡くなった日、三重グスクから見た海は、とても穏やかだった。

三重グスクを望む

三重グスクのさき

妙に広々としたネイキッドな街角

一九六三年に那覇で生まれて、ずっと暮らしてきたのだが、最近「こんなの初めてだなぁ」という光景を那覇の街角で見かけるようになった。

例えば実家のある開南の、通称「仏壇通り」と言われる通り（この名称は結構最近呼ばれるようになったはずだ）。道路拡張工事が始まって、気が付くと与儀十字路から開南バス停に向かう、バスが行き交うには若干きつめの、歩道すらちゃんと確保されていなかった道路の両側の建物が取り壊された。すると、妙に見晴らしのいい風景が広がったのである。建物があった場所から青空が見える。

幹線道路ぎりぎりまで建物が迫っているというのが、馴染みの那覇の街中である。広々とした街角の眺めは新鮮ではあったが、なんだか落ち着かない。

見慣れていた街並みが消える、という感覚は、もしかしてこういうことだったのかなぁと、沖縄戦直後の那覇の光景を想像してみたくなる。破壊のレベルが違うことは当たり前だが、生

開南のバス停を出来立ての空き地から望む

まれてこのかた馴染んでいた風景を失うというのには、どこか重なる心情があるかもしれない。

こんな風に、妙に見晴らしがいい街角が、気が付くと那覇のあちこちで目に付くようになった。市街地の道路を広げるためか、より効率よく車が走り抜けるためか、微妙に揺らめいていた道路は、より直線的にちゃーまっすぐ、次の曲がり角を目指すようになる。

なかには小山を削り込み、崖を削り落とし、あたりの地形がまるっきり変わってしまったところもある。再開発の波が街角を浸食しているのだ。

こんなことは今までなかった。街

の光景が僕から離れていく……と、まるでオフコースの歌のような気分で、自転車走らせて、開南バス停に行ってみた。ここら一帯が戦後那覇の発祥の地である。自然発生的に出来た闇市は「ウィーマチグヮー（上の市場）」と呼ばれていたそうだ。僕の記憶の始まりに刻まれている開南バス停は、いつも人でごった返していた。

今にして思えば、アメリカ世の中で、必死に復興を成し遂げていた、琉球の人々の熱気が街を育てていたのだろう。

今、その熱は冷めて、その頃建てられたであろうコンクリートのビルや木造二階建ての店舗は老朽化し、あちこちで建て替えられようとしている。

老いれば壊されるだけ。そしてなかったことのように街角の風景が書き換えられる。那覇の街角で起こっていることのひとつだ。

開南バス停前もそんな空き地がぽつんぽつん。ここは僕の記憶の中で、最初は料亭風食堂、そしてパチンコ屋、その後コンビニとなり、最期はママとベビー用品の店だった。

空き地となった今、隠れていた後ろの家のネイキッドな姿が晒されるようになった。アメリカ世のかすれかけた顔があらわになったようで、少しどきっとした。

表通りからでは見えなかった、そんな顔をしていたんだなぁ、僕たちの街は……。

アフタヌーン・イン・サクラザカ

桜坂劇場に、ウッディ・アレン監督の最新作を観に行った。「ミッドナイト・イン・パリ」は、作家志望のアメリカ男性が、ふとしたことから、彼のあこがれの時代である一九二〇年代のパリにタイムトリップするという、ウッディお得意のロマンティック・コメディ。スコット・フィッツジェラルドとゼルダ夫妻やヘミングウェイ、ピカソにダリにジャン・コクトーといった芸術家たちが夜な夜な集うパリである。そりゃ行けるものならねぇ。映画は素敵だなぁとつくづく思った傑作である。ウッディ・アレンは、かつて小説でも、主人公が本の中に入り込んで、ヒロインとラブ・アフェアを楽しむという短編を書いていたのを思い出す。タイトルは、えーっと、そう「ボヴァリー夫人の恋人」だ。

あこがれの時代、あの頃の街に行ってみたいというのは、結構多くの大人が抱く願望なのかもしれない。僕だったら、やっぱり古《いにしえ》の那覇四町《なーふぁゆまち》だろうか。戦前の、西洋風の石造りの建物と赤瓦に石垣の家が並ぶ那覇の街角を、ガジマルの木陰から眺めることが出来るのなら……。

桜坂劇場

一九二〇年代、つまり大正時代の那覇は、実はかなりモダンな町だった。路面電車が走る街角には、劇場に市場、繁華街には流行のカフェもあった。同じ時代のパリを夢見ていたうちなーんちゅもきっといただろう。そういえば、牧港篤三氏も名著『幻想の街・那覇』のなかで、幾度となく那覇の街の描写の中に、パリの風景を忍び込ませている。映画はとにかくパリの街角を素敵に撮っていて、映画が終わる頃には、もちろん僕もパリに行ってみたくなった。主人公は言う。「パリの街角はなんといっても、雨が最高なんだ」と。

午前中、最初の上映だったので、見終わってもまだお昼前。劇場の外は運良く雨が降っていた。まるで映画の続きみたいじゃないか、そのまま濡れながら那覇のまちぐゎーを散歩しよう。そうだ、那覇だって雨が最高かもしれないじゃないか。

ただ残念なことに那覇のまちぐゎー一帯は、アーケードが設置されて久しい。雨に濡れて歩くのも至難の業である。いつもなら嬉しいところだが、今日は違う気分なのだ。

しかたないので、桜坂の坂を下り、アーケードの平和通りから浮島通りへと抜けてみた。車の通る一方通行の浮島通りは、アーケードは設置されていない。細かい雨の降る通りをふらりと歩いて、一軒のこじゃれた食堂に入ってみた。その店は、パリというより、フィンランドを舞台にした日本映画「かもめ食堂」みたいな佇まいだったため、さらに映画的妄想は膨らみ、久々に気分は、ロードーショー二本立てであった。

それにしても、戦前のモダン那覇の街角を舞台にした映画、いつの日か桜坂劇場で観てみたいものである。

浮島通り

泊港で読書

何度も言うけれど、那覇はそもそも港町である。しかし那覇のいろいろな都市機能が、国道五十八号の内側に集約し、沖縄にしては大きめのビルディングが立ち並んで、海への景観を遮っている。那覇の中心地ともいえる久茂地から海まで歩いても結構すぐなのだが、潮の気配を感じ取ることはなかなかできない。

僕は自転車で散歩する那覇ポタリングで、泊港、那覇港、壺川の漁港や三重グスクの港などを、コースの要所としてまわっているうちに、港町として那覇をもう一度見直したら楽しいだろうなと思うようになった。ではどのように活用するか。僕の答えは、読書です。

『東恩納寛惇全集』を那覇市立図書館で借りてきて、収録されている『憧憬集《どうけいしゅう》』を読むために、わざわざ泊港に向かった。全集は、一冊でも重い。

いま「とまりん」という名前が定着しているのかどうかわからないけれど、僕の両親が慶良間諸島出身なので、島への船が出る泊港は、ターミナルのある南岸も、そこから少し離れた北岸も昔からの馴染みだ。「ホクガン」（北岸）という響きは、いつもどこか懐かしい。

さて昔那覇《んかしなーふぁ》の情景をコラム風に綴っている『憧憬集』は、どの項目読んでも、昔那覇《んかしなーふぁ》ファンとしてたまらなく面白いのであるが、それを現場近くで読めば、さらに臨場感が増すのでないかという魂胆である。思いこみが世界を楽しくするのだ。

とまりん一階のデッキには、露店のコーヒーショップがある。ここが意外に穴場なのだ。ぜんざいやフルーツのスイーツもある。ちなみにとまりん施設内は自転車の乗り入れ禁止。ビルとビルの隙間にちゃんと駐輪所があるから大丈夫。

泊港ターミナルデッキ

港に係留している船舶のざわめきや観光客のそわそわしている往来を精神的BGMにして、おもむろに分厚い全集の一冊を開く。港で読書。おしゃれ感さえ漂うではないか。自転車で来たので、その時点で汗だくなのだが、ほっといてもらいたい。

最初は普通に暑い。クーラーが効かない露天なのだから致し方ない。しかしアイスコーヒーをちびりちびり飲みつつ、懐かしき那覇の街角に入り込んでいけば、その暑さも心地よいものになるから不思議だ。百年近く前の那覇の、その姿はまったくないのだが、その場所に関する一節を読むだけで、ほんの少し近付いた気になる。

泊は浮島・那覇よりも古くから首里へと繋がる湊《みなと》を持っていた。潟原と称された広い干潟を前面に望み、塩田が営まれ、泊で行われたハーリーのときには、潟《がた》を利用して琉球競馬も開かれたという。泊橋口には朝夕に市も立った。

ほんの百年ほど前の光景である。そう考えると、僕らが失ったものの大きさに目眩すらする。人々の生活とともにある景観は、失われると、もう復元することは出来ないのだ。

僕が、那覇の街角のあちこちで読書しているのは、この百年の孤独を、なんとか埋めようとしているのだ。今後も那覇の街角読書ポイントを探し出していきたい……もう少し、涼しくなったらね。

泊高橋から泊大橋を望む

前島。梵字炉

虹と堤橋の頃　美栄橋界隈

ゆいレール美栄橋駅は、プラットホームを降りると、駅前はちょっとした広場になっていて、その片隅に「新修美栄橋碑」がある。美栄橋改修の由来を記した石板で、先の大戦でも被弾したが、かろうじて残った貴重な遺跡である。ここをポイントにして、昔の浮島・那覇と安里・崇元寺を結んだ、かの長虹堤《ちょうこうてい》跡の道を辿ることができる。多分、ここが沖縄初の海中道路である。「十貫瀬」と呼ばれているディープな飲み屋通りがその歴史ある古道であると認識してからは、マイ那覇ポタリングコースとして通っている。いまは有名な飲み屋だった「蠢《うじむん》」も建物ごと消え去り、街のエッジのきいた悪処的な雰囲気が失われてしまったのは、なんとはなしに残念な気もするのは、アメリカ世の記憶が、那覇の街から少しずつ消えてしまっているからか。

長虹堤跡の戦前の写真は、『写真で見る旧泊の変遷』という字誌で見たことがあったのだが、その頃でも、周囲より少し小高い道で、堤としての風情を残している。しかしもちろん周りは陸化していて、海は遙か彼方である。二十一世紀の今、そこが海中道路であったことを偲ばせるものは何もない……と思ってしばしぶらついていたら、このあたり小さな森がいくつか点在していることに気がついた。どうやら大きい岩礁の名残りのようなのだ。ガジマルなど緑濃い亜熱帯の樹木が小さな森を形成し、その樹影に隠れるようにして崖の窪みを利用した古墓がいくつもある。つまり沖縄の海岸の浅瀬でよく見かける小島、岩礁が陸化した姿なのである。

美栄橋駅から見える、ジュンク堂書店那覇店の裏の森も、「七つ墓」と呼ばれる古墓群である。亡くなった母親が幽霊となり、飴を店から買いもとめ、墓の中で稚児に与えて命をつなげていたという、古典ともいえる幽霊奇談が伝えられている。そこもよく見れば、小島・岩礁の佇ま

七つ墓のうら

いを十分に残している。美栄橋駅のプラットホームから眺めるとよくわかる。

僕の〈妄想昔那覇《んかしなーふぁ》ガイドブック〉である『南島風土記』によると、美栄はもともとは新地、つまり新しい（ミー）地という意味で、それを縁起の良い漢字をあて「美しく栄える」としたらしい。近くの久茂地も、そもそもは「普門寺《ふげんじ》」（というお寺くらいしかなかったへんぴな地）と称する一帯に、久米村の人たちの移住が進み、そのニュータウンの名前を、縁起のよい地名にした。

史書『那覇由来記』によれば、かつて美栄橋あたりは「まちかね」と称していたという。誰が誰を待ちかんてぃしていたのだろう。まちかね橋から美栄橋に名が変わり数百年、モノレールから見える、かつての渚の風景をじっくり幻視してみたい……。

ところで「虹」という漢字は、「蛇」に通じるそうである。長虹堤という名前も、一見美しい名前であるが、実は堤が細くクネクネと蛇のように長く続いていたから、中国の使者が名付けたのではないだろうか。

虹・蛇に橋、お墓に幽霊に岩礁……、集められたキーワードは、そこが土地の境界であったことを物語っている。そうすると、長虹堤跡に戦後、飲み屋通りが形成されたのも、なんとなく頷けるのである。

七つ墓と美栄橋駅

美栄橋界隈の御願所

読書電車で妄想中　ゆいレールの一番前の席

ゆいレールで首里駅から那覇の町に降りるとき、改札口横にあるコーヒーショップが開いていたら、いつも迷う。アイスコーヒー飲もうかな。コーヒーを飲みながら、次に来る車両を待っていると、ほんのちょっと優雅な気分になるのだ。まぁそんなときに限って、電車はすぐにやってくるのであるが。

首里駅には、「首里駅文庫」なるものがあって、たまたま読むべき本の手持ちがなかった場合に、トイレの近くに設置されている小さな本棚で本を借りることにしている。自由に借りて、自由に返せるのだ。しかし、みんなちゃんと返却しているのだろうか、それがいつも心配である。だんだん所蔵図書が少なくなっているような気がするのだ。

何を借りようかと少し悩んでいると、次の便がやってくる気配を感じ、若干焦ることになる。慌ててエレベーターの方に戻る。僕は首里駅では、ある理由があってエレベーターに乗る派なのである。

首里駅から儀保駅、そして市立病院前駅と、レールはなだらかに下っていく。晴れていると、慶良間諸島や渡名喜島あたりまでくっきりと見える車両の一番前に座り、本を開く。車窓越しに末吉の森が流れていく。コーヒーを持ち込み、隣の席が空いたままなら、もう立派な書斎である。クーラーもきいているし。

確かに電車の中での読書は集中出来る。沖縄の読書人口が少ないのは電車がないせいだと言われ、いつもカチンときていたのだが、まぁそういうこともあるかもしれないと、最近そう考えるようになった。これが、復帰四十年にして指摘される、精神的なヤマト化なのだろうか。

首里駅文庫。最近は蔵書も増えているよう

それはさておき、ゆいレールは、週末にでも「読書電車」なるものを走らせてくれないだろうか。

その車両は読書専用で、一冊読み終えるまで、ずっと乗車し続けられるのである。首里と空港を何度も行き来して文句を言われない、というか怪しまれない。後部車両に本棚を設置すれば、移動図書館そのものになるではないか。那覇市のそれぞれの市立図書館にテーマを設けて選書してもらったりして。本棚は眺めるだけでも楽しいじゃないか。

その日は、駅名も沖縄文学にちなんだものにしてみようか。「カクテル・パーティー駅」、「アキナワの少年駅」、「豚の報い駅」、そして「水滴駅」。首里駅は今だとやはり「テンペスト・ステーション」とすべきか……そんなことまで考えながら頁《ページ》をめくっているうちに、気がつけば降りようとした牧志駅は過ぎてしまった。ほしぞら図書館に返却したかった本とともに、僕は追加料金を払い、美栄橋駅で降りた。

その日は、平和通り界隈で「ホロホロ市」というのが開かれていた。知り合いの古書店も店を出すというので、様子を見に行くのだ。駅近くのジュンク堂書店那覇店を横目にしながら、那覇がいずれ本の町になればいいと夢想しつつ、沖映通りから、市場本通りに向かったのである。あっ、ここはすでに「本通り」であったか。

末吉の森。ゆいレール車窓から

消えた那覇の坂

そういえば、このところ自転車漕いでなかったと思い、久々に那覇ポタリングをした。この連載が始まってから、僕は主に昔那覇《んかしなーふぁ》の面影を求めて道ゆらり、自転車を漕いできた。

連載の最初に僕は〈要するに埋め立てられたところは、フラットなところである。道が平坦なのだ。坂道がない。ということは自転車を漕いで負荷が掛からなくなるところ〉と、昔那覇《んかしなーふぁ》と現在の那覇の境目について、自転車の漕ぎやすさを目安にして触れてみた。もともと河口のラグーンに位置した小島が、天然の良港として交易で栄えて形成されたのが那覇の町で、海中道路を造り、干潟を埋め立て、橋を架けて、対岸と繋がった。

旧那覇地区の道が平坦であるのは、だいたいその埋め立てのせいだと思っていた。しかし現在の町が平坦なのは、もう少し説明が必要なのであった。

〈道路も変わったが、戦後、最も著しく変わったことは、丘陵地帯がなくなり、那覇は平べっ

たい街になってしまったということだ〉

作家・船越義彰氏の随筆集『なはわらべ行状記』（沖縄タイムス社）からの一文である。この本は、那覇生まれの船越氏が少年時代を過ごした戦前の那覇の風情を綴った、珠玉の随筆集だ。戦争によって消滅した追憶の街・那覇を、〈少年の感受性で鮮やかによみがえらせる貴重な歴史の記録〉（同書の紹介文より）である。明治の那覇を綴った東恩納寛惇『憧憬集』と、戦後の那覇の心象をスケッチした牧港篤三『幻想の街・那覇』の間に挟んで読み連ねると、昔《んかし》那覇《なーふぁ》への憧憬がどんどん増していく……。

さて、そもそも小島だった那覇は丘陵地帯があり、町の陰影をつくり出す坂がいくつもあったのだそうだ。それが戦争で破壊された後、戦後のさまざまな土地計画により、いつのまにか平板な地域になったという。

〈まず、上之蔵の坂が、けずりとられて、なんの変哲もない道路になった〉
（「地形」『なはわらべ行状記』）

現在の天妃小学校あたりには船越氏が三輪車を走らせて遊んだという「善興寺坂」があり、

今の上山《うえのやま》中学校の裏が上之蔵の坂上で、快適な高台だったという。那覇の歴史地図を見ると、その傍の道に「アンシンビラ」とある。つまり昼なお暗き坂道で（暗闇坂！）、またの名を「ハブ坂」ともいう……。

実は、僕はその上山中学校出身なのだが、在学当時から、どこにも山がないのに何故「上山」なのかと疑問だったのだ。すべて削られていたのか。考えてみたら、その近くの「辻」という地名も、もともとは「チジ・頂」という高台を意味しているのだから、浮島・那覇は小山だったのだろう。

現在の平坦になった上之蔵あたり、自転車で漕いでみた。すると平坦に見えて、実は微妙に高低差があることに気づく。ペダルにかかる微かな負荷は、かつての那覇に繋がる土地の気配なのだ。

〈土をふみしめて、風をなつかしみ、汗をぬぐうということは無縁になったかも知れぬ。だから、直線的な海岸にし、平べったい町をつくりあげたのだ〉

三十年前の船越氏の言葉は、なぜだか今の那覇の街の状況さえも、そのまま言い当てているようである。

天妃小学校、上天妃宮の石門

辻。三文珠公園

那覇市役所も遊び場だった

僕が那覇の久米にある上山中学校に通っていた頃、まだ車は右側通行だった。もちろん〈アメリカ世〉から〈復帰〉していたのではあるが、「730」（ナナサンマル）と呼ばれた交通法規変更はもう少し先、高校に入ってからだった。中一の頃は開南バス停から市内線の銀バスに乗り通学していたが、中二の頃には、波上《ナンミン》近くの中学校まで歩いて通うようになっていた。それなりの距離があるが、バス賃を節約してお小遣いを貯め、好きな本やレコードを買うためにテクテクのんびり歩いていたのだ。

帰宅コースは、泉崎ロータリーから旧一号線（国道五十八号）を横断歩道橋で越えて、泉崎橋をまっすぐに行く。途中にある那覇市役所や沖縄県庁（というよりまだ琉球政府公舎といった方が似合っていたが）に立ち寄り、ウォータークーラーで冷えた水を飲むこともあった。

那覇市役所は入り口に木陰の緑地があって、そこでキャッチボールやゴムのボール（プーカーボールと呼んでいた）で野球をしたこともあった。そういえば城岳小学校に通っていたときは、裁判所の駐車場でも野球していた。公共の場でも、子どもたちが空き地とみなせば、そこは子どもたちの遊び場として黙認されていたような気がする。

毎年と言っていいほど断水が続いていた沖縄であるが、市役所の噴水は健在で、中央の銅像は誰だったかな。壁面を覆っていたツタはいつから生えていたのだろうか。なんかみんなおぼろげな記憶になっていく。

大人になって数え切れないほど通った那覇市役所の庁舎だけど、思い出すのは子どものときのことばかりだ。小学校三年生の市役所見学とか。

一月十二日「市役所はどんなしごとをしているか。市役所はぜい金をだれがだすか。またその金はどうつかってるか」とゆうぎもんをききに市役所にいきました。

（個人文集「星」）

すっごくきたない字で、三年九組の僕が書いている。子どもの個人文集も四十一年経てばそれなりの資料になるかもね。当時平良良松市長と会ったような記憶があるが、〈ぎ会は、市長が一番上にすわって〉いるのを見ただけかもしれない。議会場を見学した後、役所の方からいろいろ説明を受けている。ゴミ問題が深刻化しているらしく、近々南風原町に〈ちりやき場〉

を作るようだ。一九七二年時点での重要課題は、きたない字の記録によると次の通り。

「新しい港をつくる。いちばをつくる。市えいじゅうたくをつくる」とゆう物にお金をつかいます。せいふと市民がだします。

復帰の年に聞いた那覇市の未来予想図だ。どのくらい実現しているのかはさておき、アメリカ世と復帰が混在化していたあの頃、子どもたちが気ままに遊べて疲れたときにゆくれる場所だった那覇市役所庁舎は、老朽化といわれ築四十四年の歴史を閉じ、二〇一三年一月、新庁舎が完成した。

あまりに巨大で角張ったそのフォルムにおののいてしまったが、よく見ると壁面緑化のためのプランターもあるようだ。

老朽化が嫌いな街から次々と思い出がはぎ取られていく。その感傷の足元で、緑なす未来の種が蒔かれているだろうか。

ビル屋上から那覇市役所を望む

『ふりだしに戻る』に戻りたい

過去の時代に戻ることは出来ないのか。そんな狂おしくも、馬鹿らしい思いを抱《いだ》いたことはないだろうか。馬鹿らしい？　それはそうだ。それは科学的にあり得ないことである。……いや待てよ。アインシュタイン。人類史上最も偉大な頭脳を持ち、人類の未来を左右する科学理論を打ち立てた、かのアインシュタインは、光にも重さがあり、時間もただ一定に流れゆくものではなく、現在が在るように過去もそのまま今も在るのだ、と言ったという。

ジャック・フィニィというアメリカ人作家の傑作『ふりだしに戻る』というタイムトラベル小説の中ではこんな風にして説明している。

〈彼（※アインシュタイン）はこういっている──われわれはオールなしで曲がりくねった川を漂流している。われわれは、背後に去ったカーヴや曲がり角の向こうの過去を見ることはできない。だが過去は現にそこにある〉

これは言葉通りの意味なのだそうだ。過去は現にそこにある。

このちょっと古い小説（一九七〇年作、復帰前だ）の主人公・サイモン（サイ）・モーリーは現代NY（ニューヨーク）から、一八八〇年代のNYへと旅立ち、実際にその冬の街並みと暮らしぶりを味わい、文章を書き、スケッチをし、写真を撮って本文に挿入している。古き良き時代のアメリカ。

僕は、この作品をたんにSF作品のひとつとして読むことはできなかった。ただただうらやましい話だと思ってしまったのだ。長い小説の中の三分の二は、一八八〇年代のNYの街を、あたかもその場にいたかのように─いや主人公はその場にいるわけだが─まるで旅行記のように、一種のドキュメントとして描いている。作家はまさしくなんらかの方法でその街に到達したに違いない（と思う）。二十五年後に発表された続編『時の旅人』では、同じサイが、ある近代史に関わる大事件を阻止するために、今度は一九二〇年のNYに舞い戻る。日本でいうと大正時代だ。

今更ながらすっかりジャック・フィニィ作品にイカレてしまった僕は、どうにか失われた街、昔の那覇の街に舞い戻ることができないだろうかと考えた。だってNYのブロードウェイできらびやかな舞台が毎夜披露されていたとき、NF（なーふぁ・那覇）でも沖縄芝居小屋は夜毎《よごと》の盛況で、電車だって那覇・首里間を走っていたのだ。つまりNYとNFは同時代なのである。NYの街角を読みながら、僕はずっとNFの街並みを思っていた。

小説の中では、昔から変わらない場所、例えば百年前からずっと同じ場所に建っているダコタハウス（小説が発表された時点ではまだジョン・レノンとオノ・ヨーコ夫妻は住んでいない）のような建物の一角で、〈あの頃〉を現在であるかのような感覚で感じられるようになれば、主人公のサイは、自然に川の流れから岸辺へと上がるように昔に戻っている。……だめだ、那覇に、現在、そんな場所は、どこにもない！

しかたないので僕は昔の那覇の復刻版の絵はがきを持って、現在の那覇の西町、東町へ自転車を漕いだ。そして試しに、モダンな建築様式で知られる戦前の、那覇市役所が建っていたと思われる街角を眺めてみた。まったく面影のないその場所だけど、絵はがきの写真の那覇市役所を見つめているうちに、妙な気持ちになった。

たしかにこの場所に、那覇で一番背の高い時計台を備えた建物はあったのだ。

着物姿のおばぁさんや、ワンピース姿のお母さんと手を繋いで歩く子どもたちは、白く光る道からその塔を見上げている。バスが走り、その横には人力車の車影も見える。同じ空の下、NYのダコタハウスと同じ平和な世界をシェアしていたのだ。

せめてもと思い、絵はがきを現在の街角の風景に重ねて、その場で撮ってみた。ふむ。な

東町。戦前の那覇市役所の時計塔あたり

西町。西之前通りあたり

かなかおもしろい気がした。決して復刻しない街角の景色だ。

そんな風にして、かつての目抜き通りの「大門通り」や、電車の駅に通じる(絵はがきによると)「西之前通り」と思われる場所に絵はがきを当てはめて撮影してみる。

何の意味があるのか、と言われても答えようがないが、アインシュタインのように舌を出しながら「だが過去は現にそこにある」ということにしよう。

マチはいつも通りで　沖映通り　えきまえ一箱古本市

ここ数年全国各地の街でブック・フェス的な催しが盛んになっている。東京の「不忍ブックストリート」、福岡の「ブックオカ」や名古屋の「ブックマークナゴヤ」などが有名だ。その中心となっているイベントが「一箱古本市」である。誰でも一箱分だけの古本を持ち寄って参加できる青空古本市である。

那覇の街角でもやれたらいいなと思って数年、ようやく今年（二〇一三年）の二月、沖映通りで開催できた。通り会の方々と協力して、ゆいレールの美栄橋駅前の広場からジュンク堂書店の前の通りを中心にして、一日だけの「古本市」が立った。「えきまえ一箱古本市＆こども古本まちぐゎー」である。

一箱古本店主の募集や告知、当日配るマップに会場設置など、実行委員会としては開催当日までぱたぱたしていたが、言い出しっぺなのでしょうがない。

約三百メートルの通りに、四十二の一箱古本店主が露店を構えた。店主はほとんどが初めてこういうイベントに参加する一般の人たちだ。「ふるほんグッピー」「桃色本屋」「小鳩屋」など、それぞれ屋号もちゃんと付いている。いわば大人の古本屋さんごっこである。しかし一箱といっても、ずらりと並ぶと、それなりに市の佇まいになるから面白い。

午前十一時から午後五時の終了時まで、古書市目当てのお客さんで、通りはいつもとは違った賑わいを見せた。売り上げも上々だが、本を通していろいろなつながりが出来たのがなにより嬉しいことだった。「本好き」というだけで何かしらシンパシーを持つ店主とお客さん、お隣り同士の店主さん、それぞれ新たな出会いがあったようだ。そういう笑顔をしていた。

通りにある那覇の名物お菓子である「タンナファクルー」のお店は、なんでも完売したそうである。タンナファクルー片手に本を買う街角というのは、やはりなんか心温まる光景じゃないだろうか。

そうか、僕はこういう光景が見たかったのかと、納得した。那覇はそもそも朝夕あちこちに市《マチ》が立っていた街だった。平和通りや沖映通りも、ガーブ川を暗渠にしていているが、そもそもは戦後、川沿いの露店の並びから始まったのだ。時を越えて露店の風景が重なった気がした。

一箱古本市が終わり、片付けを終えて一人、夕暮れ間近な沖映通りを歩いた。さっきまでさまざまな店主が店を出していたそこは、いつもの普通の通りになっていた。

市《マチ》は立つ。そして消える。その呼吸のような繰り返しが、人と人を結びつける。いつも通りを歩きながら、僕はとても満足していた。市は幻のように美しい。

　ふと足下をみたら、店のエリアをくぐった布テープが残っている。しゃがんで一つひとつはがしていった。そこにほんの数時間前、確かに市《マチ》が存在していた。

沖映通り。えきまえ一箱古本市（撮影　小原猛）

廃屋の彼方へ　久茂地界隈

　たまに仕事で土曜日の朝から西町にいる。午前中にすむ用事なので、たまにそのまま歩いて、東町、上之蔵、久米あたりをぶらぶら散歩しながら帰ることがある。もちろん、昔那覇《んかしなーふぁ》の面影を頭の中で描きつつである。あの坂も無くなった、あの寺も無くなった。あの水路もどこへやら。でも「ほぉ、こんなところにタイ料理がある！」「このあたり韓国料理屋が多いのは、いつからの傾向？」など、今ある街角の風景を見ながら、あれこれ考えるのも面白い。食べ物屋が目に付くのは、お昼前だからだ。かつての唐栄（唐人街）が多国籍（料理）化しているのは、ちょっとおもしろい。住宅街と飲食地域が混然としている街並みを歩くのが好きなのである。

　そのまま歩いて、昔那覇《んかしなーふぁ》区から五十八号を越えて、久茂地川を渡ると、街並みは変わっていく。久茂地は、オフィス街という印象がある(多分沖縄では唯一の？　最近はそうでもないか)。マスコミや銀行、デパートに本土系企業の沖縄支店が集まっているビルを背景にして、その足もとに飲食街が形成されている。ちょっと都会的な佇まいである。このあたりは大学生のころから通いはじめて、働き始めても、出版という仕事柄かもしれないが、なにかといったら久茂地で飲み会をしていた記憶がある。これは今でもそうだな。

どちらかといったら夜の街並みに馴染んでいる久茂地界隈だけど、昼間からほろほろ歩くのも面白い。というのも、久茂地は、実は赤瓦木造二階建ての家屋が意外に多いのである。店舗として使われていたり、普通の住宅だったりするのだが、こんな街の中にぽつりぽつりとあるギャップが面白いのだ。古民家という感じでもない、適度な古さが好ましい。

このタイプの木造家屋は、昭和二〇年代後半～三〇年代に数多く建てられたらしい。一般住宅がコンクリート化されて久しいが、二階の赤瓦姿は、そんな時代の街の記憶のかけらなのだ。視線を少し上げるだけで、街の印象が変わってしまうこともあるんだなぁ。そういえば昔からこの界隈に住んでいる人に聞いたことがある。「昔はここの二階から海も見えたんだよ」

赤い小粋なシャッポーを見ながら久茂地めぐりをしていたら、大きなネムノキ（？）にたどり着いた。ここの一角は特に古い木造やコンクリートの家屋が並んでいるのだが、その大木に覆われるようにして、廃屋が数軒固まってあるのだ。もう何年も前から人が住んでいる気配はない。その中でも特に立派な木造二階建てがある。

太い幹や枝が家屋をつたい、窓枠に侵入し、家屋全体にまとわりついている。国際通りからもごく近いこの場所に、そろりそろりと森に還ろうかというようなたたずまいの廃屋。

その風景に、僕は何故かとても心揺れてしまうのだ。寂しさではない。かつてあった暮らしを偲ぶということでもない。街がいろんな時を抱きかかえている、その多彩さを好ましく思うのだ。

廃屋は、まだそこにあるのにもう無くなってしまった風景を、ネムノキの木陰の下でまどろむように思い出しているようだ。それは終の棲家としての、最後の役目かもしれない。

幻の町・昔那覇《んかしなーふぁ》を懐かしむようにして、まだ今の那覇の街のあちこちにたたずんでいる廃屋を見つけに、散歩の足を伸ばしてみることにした。

すると大通りの裏側に、大きなガジマルの下に、お墓の森の傍に、道路拡張でむき出しになった路地の一角に、廃屋はびっくりするくらい存在していた。

午前中から始めた散歩は、思いの外、長くなりそうだ。

久茂地の街角

雨に濡れても　牧志ウガン界隈

つい一か月前のことである。

那覇に小雨がじんわりと降り注ぐ。「梅雨」とはいわずに、あえて、「小満芒種《すーまんぼーすー》である」と、言ってみる。

とたんに街の緑の様子が目に入ってくるようになる。植物はこの時期、来る夏の暑さに備えるかのように、雨を欲しがっている。こんな時期だから家でごろごろとし、弁が岳に降る雨音でも聞いて過ごせばよいものを、少しでも晴れ間があると、どうもいけない。つい自転車を出して、那覇に降りてしまう。多少の雨なら、炎天下の自転車散歩よりまだましとばかり、ペダルを漕ぐ。

最近、もはや趣味、と言ってもいいだろうが、建物が植物に覆い尽くされている風景を写真に収めるようになった。屋根といわず壁といわず、全体が緑化している姿は、街の中の小さな森のようで、見つけるとうれしくて、ついぱちりとシャッターを押す。ついでに足下に咲く、名も知らぬ小さな黄色い花なども撮る。

年をとると、こうした小さな自然にも目がいくようになるものなのか。

「若夏を前に老けていく」と、つぶやいて自転車を安里川下流に向けた。

さいおんスクエアでは、今年も「はいさい市」なるものが毎月開かれると聞いた。この日は、建物の横を流れる安里川で「体験カヌー」があるという。つねづねに一度は街の中を流れる川から、街角を視てみたいと思っていたから、これぞ、

「渡りに船……」である。

係の人に準備してもらい、ライフジャケットを着て、さっそくカヌーに乗った。思いの外、水は臭くはない。雨が大量に降ったせいか。ひとかきオールを水面に入れると、すいっ、と滑るようにカヌーは進む。

多少蛇行した川筋を、ほんの少しだが楽しむ。見上げればビルの谷間である。見慣れた街角ではあるが、やはり全然違うように感じる。このまま進めることができれば久茂地川へ、そしてその河口の国場川と合流し、那覇港へと至る。かつての琉球びとのように、川を交通手段として楽しんでみたい、と夢想することしばし。

係の方に礼を告げ、陸にあがると、対岸の牧志ウガン公園でなにやら行われているので、のぞいてみる。「牧志ウガン奉納大角力大会」である。ほぉ、久しぶりに「シマ」、つまり沖縄角

力を見てみようか。小さな公園は、全島から集まった力自慢たちが熱戦を繰り広げている最中。取り囲んだ観客は静かに観戦中である。

互いに道着を結ぶ帯紐をがっちり掴み、ぐいっと引き、がっきと相手を腰にのせ、えいやっと投げあう。相手の背中が地面についたら勝ちである。膝がついてもかまわない。

途中から雨が降り出してきたが、水入りとはならず、勝負は続けられた。観客も木の陰に逃れながらも、じっと見続けている。

牧志ウガンの大会は戦前からある由緒正しいもの。ある展示会で、昔の那覇の写真を食い入るように見ていた老婦人が、「わたしの家は戦前牧志ウガンの近くにあってね、角力大会のときは全島から腕自慢のお兄さんたちがきて、勝負が終わると、家にも寄るから、お茶を出したものよ。牧志ウガンの下は、その頃は砂浜もあったんだよ」と、教えてくれたのを思い出す。

時折、シマの熱戦が続く後景に、すーっとゆいレールが走り去る。ああこれもまた那覇の街だなぁと、写真に収めひとり悦に入る。

雨が強まる。やむまでは自転車も漕げず、これ幸いとばかり観戦を続ける。シマの決勝戦までは、まだまだだ。

つい一か月前のことだった。

牧志ウガン公園

マージナルな天久の崖

天久に海があるなんて誰も知らない——。とは言い過ぎではあるが、那覇の天久というと、今は「新都心」として呼ばれる一帯を思い浮かべる人が多数だろう。沖縄戦で激戦地となり、戦後ようやく戻った住宅地域は、米軍の基地拡張に伴って沖縄で最初の立ち退き集落になった（一九五〇年七月）のが、天久である。遠く慶良間を望み、風光明媚だった那覇を見下ろすとの出来た天久は、今でも高台に位置しているが、かつてその西方は切り立った崖が、そのまま海に突き出していた。

今や那覇の海岸線はほとんどが埋め立てられ整備され、昔の面影を辿ることは難しい。天久の海岸線だったあたりは、泊漁港から安謝港につながるエリアである。泊港北岸から、外人墓地を過ぎて、泊大橋が架かっている下の道路沿いに自転車を走らせたら、〝昔《んかし》天久〟の海岸線を辿ることになる。いつもは車で走り抜ける道だが、意外にもくっきりと、ここが海であった痕跡を残していることがわかる。崖がそのまま残っているのだ。

崖の名残り、天久シーシンサー

崖がそのままアスファルトに突き刺さるようにして存在している姿は、よく見るとなかなかシュール。アスファルトを海面に見立ててみると、たしかに波に削られて出来た窪みがあることがわかる。黒ずんでいる窪みを覗くと、中に小さな香炉があった。那覇の主な崖地帯は聖域となり御願所があるのだが、時の片隅に忘れ去られたような、こんな小さな窪みにも、人はカミとのつながりを見出そうとする。岩の裂け目、洞窟は、根の底・ニライカナイとの接触エリア、境界線なのである。

ぎざぎざとした琉球石灰岩の崖の隙間に隠れるようにして、シーサーが一体、かつての海の方向を凝視しているのを見つけた。ここはそういえば「シーシンサー」と呼ばれた場所なのだった。

あたりの崖は古いお墓地帯でもあるようだ。これも那覇のかつての海岸線、崖だったところと同様である。墓が見え隠れする斜面と並行して自転車を走らせていく。陸と海、中心と辺境、現在と過去、いろんな意味で区切られているこのあたりは、マージナル（境界）な雰囲気が漂っている。

こんなところに、という感じでマンションの角を曲がると、坂道が始まり、その入り口に立神岩と名付けたい風情の御願所があった。小さな祠の壁がそのまま岩肌となっている。香炉を前にして、岩と対峙することになるのだ。その背後には切り立った崖がそびえ立ち、ここもま

天久の拝所

た波で削られたノッチ、窪みに向かって立派な碑が建てられている。あとで確かめたら、ここ天久の「崎樋川《さちひーじゃー》」は、かつては豊富な水量を誇った有名な湧泉だった。

坂道は急な角度で続き、自転車を置いて上りきると、かつての、昔那覇《んかしなーふぁ》方面がビルとビルの隙間から覗けた。忘れ去られた境界線の上から那覇を眺めると、なにか見えてくるんじゃないかと、風に吹かれてみたが、波上あたりは思いの外、遠く感じられたのだった。

天久、崖の下の拝所

黙認耕作地は自宅あとだった

実家が、道路拡張計画にかかって立ち退きとなった。親戚には通称「開南の新城」と呼ばれていた実家だが、そもそも、戦後しばらくして神里原通りにあった老舗デパート山形屋に就職するため、離島から出てきた母親が、独身時代から借りていた地所である。六十年近くになろうか。木造トタン平屋から、復帰の年にコンクリート二階建てに変わって、今年完全に取り壊された。わかっていたことだが、すーじ小に並んでいた近所の一角が丸ごと撤去され、すっかり空き地となった光景を見ると、それなりに感慨深い。なんというか、その家で過ごした記憶の全てが夢だったみたいだ。

戦前は、那覇の郊外で人家もまばらだったここが住宅密集地となったのは、戦後すぐ今の開南バス停あたりに闇市が形成されたからで、戦後那覇復興の地なのである。記念碑くらい建てていいかもしれないな。

そもそも開南という地名は、戦前その場所にあった私立中学校の名前から来ている。戦後学校は跡形もなくなくなったが、開南という名だけは残った。たまたま読み始めた本にこういう一節を見つけた。教育者にして戦後の初代知事となった志喜屋孝信が創立した開南中学校（旧制五年制度）に在学した方の随想である。〈那覇市郊外の高台に建つ開南中学校の校舎は平屋一文字の教室が並び、やがて東側には講堂ができて落ち着いた雰囲気を作っていた〉（宮城鷹夫著『あなたの知らない時代　あなたも知っている時代』）。

実家はまさにその跡地にあった。校舎か運動場だったのだろうか、その一帯は戦後住宅地域となった。確かにバス通りから見ると高台になっている。道向かいの建物も立ち退きで取り壊されて、本来の地形が姿をみせると、松尾から平和通りにむかって盆地のようになっているのがよくわかる。

番地でいうと、ここらあたりは「樋川」。王樋川《おーひーじゃー》という、琉球の古《いにしえ》より豊かな水量をほこった湧き水があったことに由来する地名である。僕が子どもだった頃は時々水遊びにいったけれど、現在はその面影はまったくない。三十年ほど前にはバス通りを整備して「せせらぎ通り」と名付けて、樋川から水を引き込んで人工のせせらぎを造っていた。鯉やザリガニがいたせせらぎは、いつのまにか土が敷き詰められて陸化していた。少し前まで蛍も飛んでいたのだけどな。今もいるかもしれない。

僕が小さい頃の記憶では、この通りはバスが行き交うのもぎりぎりの、ほこりっぽい道だった。人々の生活スタイルが郊外化して、開南バス停を利用する客が激減しているこの時代に、道路が更に拡大されるというのも、なんだか奇妙な現象ではある。

空き地となったご近所一帯は、すぐに雑草がサバンナのように転々と生えだした。空き地に雑草が増える光景はけっこう好きなのだ。都会の中の小自然である。最近はすぐにマンションやら雑居ビルが出来て、なかなかいい雑草地がないから、味気ないったらありゃしないのだ。しかし雨が長らく降らなかった今年の夏、その雑草も次々と立ち枯れしてしまった。サバンナが砂漠のようになってしまった。

道路工事は他の土地買収が進んでないのか、まだ始まる様子はない。しばらくは空き地のままらしい。

そんな今夏世《こなちゅ》、かつての我が家跡地を見に行くと、なんと野菜畑が出来ていた。立ち退きにかからなかったご近所さんが、遊休地にするのはもったいないと思ったらしい。突然の黙認耕作地の誕生。あの干ばつのなか、なかなか見事である。思わず笑ってしまうじゃないか。

そうだ、この野菜畑があるここは、かつて僕の実家があったんだ。初めて懐かしさがこみ上げてきたのである。

樋川の自宅あと

芳子と〝石ブラ〟散歩　辻町・西町・東町

那覇をほろほろと散歩してきたこの連載も、三年目となった。あるときは「那覇ポタリング」と称し、昼下がりにひとり自転車を漕ぎ、あるときは「那覇の町文学散歩」と称して、仲間を集い、夜の古《いにしえ》の那覇《なーふぁ》四町《ゆまち》あたりを呑み歩いたり。いずれにしても、思いは遙かなる昔那覇《んかしなーふぁ》である。

一九四四年十月十日の米軍空襲まで確かに存在していた町。しかしその面影はもはや夢幻である。それでもなにも残っていないわけでもない。明治、大正、昭和と戦前の那覇の様子を記した書籍を探し出してきたら、少しずつ失われた町の面影を、感じられるようになってきたのである。そう、昔那覇《んかしなーふぁ》ぬまち歩きは、本の旅でもあるのだ。僕は、その中で沖縄の先人たちとあらためて出会うことが出来た。

大正九年の大火事で焼け出されるまで、実家のあった辻町一丁目一番地に住んでいたのは、金城芳子。大正デモクラシーに青春を謳歌した世代である。彼女の半生を記した有名な『なはをんな一代記』（沖縄タイムス社）は必読書であるが、別の本にはこういう散歩道の描写もある。

芳子の辻一丁目一番地の実家の前からちょっと歩きだして……

〈上之蔵に曲がらず真っ直ぐ行くと、ジンクージ通り、鉢嶺医院、組合教会、松田家、比嘉家を経て樽ガーヤー、馬クンジバなど残っていた。一味亭前の坂を下り左へ行くと天妃に出る〉

ニライ社から一九九一年に出た『惜春譜』の冒頭の随筆「散歩道」の一節である。むろん建物はおろか道自体がまったく変わっているのであるが、「旧那覇の歴史・民俗地図」と現在の地図を重ね合わせて、なんとかそのコースをなぞって歩くことが出来ないことも、ない。何事も思いこみが大事。わずかな道のゆがみ、微かな土地の高低差を感じとるのだ。ここからさらに芳子の散歩道は〈ユーゲースージを出るとなつかしの石門通り〉へと続く。

石門通りは、辻と、当時の那覇市役所や山形屋などが並ぶ中心地「見世ぬ前」とをつなぐ小さな通り。本屋やレコード屋、日本そば屋、女性用小物屋、ラムネ屋などの商店が並んでいた。伊波普猷家も近所だった。

〈石門通りは東京の神楽坂と銀座に似通う雰囲気をかもして若者の楽しい散歩道で、ここ

をぶらつくことを〃銀ぶら〃にまねて〃石ぶら〃と愛称した〉

芳子はこの通りを〃石ぶら〃して、店をひやかしたり、友人に出会って立ち話に花を咲かせたりしていたのだそうだ。青春の思い出である。大正時代、沖縄にも「ハイカラさんが通る」のような世界があったのかもしれない。うーん、行ってみたい。

このように、『惜春譜』を片手に、芳子の「散歩道」を辿っていくと、現実の街並みさえも刻々と変貌している中で、昔那覇《んかしなーふぁ》ぬ町の気配を感じ取ることが、出来ないこともないのだ。

過去は、もう決して変わらないのだから。

辻一丁目一番地

辻のフクギ並木

下泉で恋をして　山之口貘の青春

うかつにも山之口貘については、随筆をこれまでちゃんと読んだことがなかった。古書店「言事堂」店主に、貘が那覇で幽霊を見た話を書いていると教えられて手にした『山之口貘　沖縄随想録』(平凡社ライブラリー)。その中に、確かに幽霊談は二編あった。これはなかなか面白い話であったが、さらに貘は、上京するまで過ごした那覇の町、特に生家のあった泉崎についていろいろ書いているではないか。

「失われた青春の風土」という随筆では、三十四年ぶりに帰郷した那覇・泉崎についてこうである。

〈ぼくの初恋も、この町で芽生えたのであるが、それを失ったのもまたこの町であり、次に芽生えた恋愛もこの町でのことであったが、その恋愛をつかみそこなったのも、また同じ泉崎であった〉

恋する泉崎！　これは行かねばならない。早速自転車を走らせた。今で言えば、那覇市役所とバスターミナルに挟まれた界隈。いわゆる「下泉」である。

まず適当にうろうろしてみたが、貘を感じさせるものは、特になにもない。ラーメン屋の名前が「ばくばく（麦麦）」だったくらいだ。

〈家のすぐ東側には、堀があった。この堀には、水面のあちらこちらに、ウンチェーという野菜が群生していた。その下に鯉や鮒がいて、堀岸のかげには闘魚がいた〉（「沖縄の叫び」）という、貘の家があったあたりを探す。

もちろん面影はまったくない。堀は、すでに埋め立てられている。しかし旧那覇の歴史・民俗地図には堀の位置がちゃんと示されている。多分ここだろうと見当つけたのは、今は広い駐車場になっているあたり。琉球新報ホールの横だ。この広さが、なんとなくクムイ（堀）っぽいではないか。

闘魚あそびが好きだった貘は、その堀でずいぶん釣ったようだ。すぐそばにがじまるの老木があって、気根を水面に垂らしている。〈暑さにおいまくられると、そのがじまる木によじのぼり、枝に腰をかけぶらぶらさせながら涼んだ〉（「沖縄の叫び」）。

近くのベンチにすわり、ふたたび頁をめくりなおす。その場で読むとぐっと迫ってくるものがある。風景は全然違うのに、不思議なものだ。この町で恋をうしなったから、あれらの詩が生まれたのかもしれないないなどと妄想する。
沖縄戦を挟んで三十四年ぶりに泉崎に帰った貘は、あまりの変貌ぶりに呆然している。その中でただ一つ「仲島の大石」だけが、貘の記憶を呼び起こす存在だった。

〈仲島とは泉崎のことで、この岩のかいわいを町では大石前《ウフイシヌメー》と呼んでいた〉

（「失われた青春の風土」）

「仲島の大石」は、史跡としてバスターミナル構内に現存している。戦前の地図と今を重ねつつ、そこから、ゆっくりと歩き出せば、貘が過ごした、恋する泉崎の風景が蘇ってくるかもしれない。仲島といえば、遊女で歌人として名高い「吉屋チルー」だ。そうか、ここは貘とチルーという二大詩（歌）人を輩出した町だったのか。
現在の下泉界隈は、住宅地といい感じのレストラン、居酒屋などの飲食店がブレンディングされた町である。貘の青春を思いつつ、一杯呑みにいくのもいいかもしれない。もちろん貘の随筆集をポケットにしのばせて。

上泉で見かけたフクギ並木

仲島の大石

ハート仕掛けの新屋敷

「小雨堂」という古本屋さんで、昔那覇《んかしなーふぁ》のまち歩きのための本をと、沖縄本の棚を見ていたら、『泊物語』という見たことあるような、意外にない感じのタイトルが目についた。「昭和の民草」というサブタイトルからして、昔の泊のことでも書いてあるかしらん、とめくってみた。見返しには「戦前の泊の地図」。新星出版、二〇〇一年発行とある。どうやら自費出版のよう。知らなかったナー。

作者の、良子・佐久本・クランデルさんは、いろいろあって現在アメリカで暮らしている（出版当時）。孫たちのために書き残そうと、十年がかりで仕上げた回想録が、〈私自身の戦争体験と出生地である昔の泊の想い出〉であるこの本。佐久本さんは沖縄戦のとき、小学六年生。

〈崇元寺の昭和女学校の斜め向かい側はユサンリ・マチ小と云うのがあった。夕方から商人達が来て売り物をするからユサンリ・マチ小と呼ぶのであった。ほとんど中年の女の人達で、着物は、短く着て、髪は、カンプーを結っていた。品物は、野菜や豆腐、卵、生きた鶏や芋等。やや暗くなると灯火をともしていた〉

目に浮かぶ崇元寺橋の界隈の情景である。泊高橋までは広い道であるが行き交う人はまばらで、時折首里バスが通る。泊高橋から波上に続く道は当時からアスファルト舗装で、潮渡橋あたりは建物もなく風が冷たい。泊高橋は、夕暮れになると、芝居や映画を見に行く人たちのために、人力車が客待ちしている。〈人力車の横側には灯をともした提灯を下げ、車の主達は、客が来る迄、のんびりキセルにキザミ煙草をつめて吸いながら隣人達と話を交わす〉。

良子さんは、泊の新屋敷《しんやしき》という地区の、海辺の家で生まれた。外人墓地のすぐ近くらしい。泊の港はゆったりと時が流れている。〈夏の海は青くコバルト色でどこまでも澄み切って美しかった。行き交う焼玉エンジンを載せたポンポン船の音も懐かしい。（略）継ぎ接ぎの茶色の大きな帆を掲げた山原船（通称マーラン船）は風に大きく帆を膨らませて沖縄北部・山原に向かって港を出ていった〉。

泊というと、僕は両親が慶良間ということもあって、連絡船乗り場というイメージが強く、街の風情というものまで思いを馳せたことはなかったのだが、この本の泊の様子に感じ入ってしまい、読み終えると、ただちに自転車を漕いで、現在の泊界隈に向かった新屋敷、という呼び方が現在通用するのかどうかわからないが、とりあえず戦前の地図と現在を重ねつつうろうろしていたら、「新屋敷公園」という、建物と建物の間に挟まれた小さな公園を見つけた。その空間だけ、高く伸びた木々の影で護られているかのような、ちょっと不思議な空気感が漂っていた。特に奥にある木の枝振りが、不思議な形をしている。逆ハートマークみたいだ。公園はきれいに掃除されている。地域の人たちに大事にされているように感じた。見ると、琉球王国末期の武人で泊空手の使い手・松茂良興作さんを記念した碑がある。

当時の面影はもちろん跡形もないけれども、その公園と出会ったことで、新屋敷という響きが僕の中の昔那覇《んかしなーふぁ》の地図に収まった。

それが二年ほど前の話。今回この原稿を書くために新屋敷界隈に寄ってみた。すると、あの公園の木がなくなっているではないか。公園整備の工事中で、あのハートマークの枝がまったくなくなっていた。うむむ、どのように整備するのかわからないけれど、僕の心の中の地図に少しだけさかさまのハートマークの穴が空いた気がしてしまった。

那覇市歴史博物館の外で

自分中心に物事を考えてみることも、たまには必要。良い気分になれるから。那覇市歴史博物館が「那覇の史跡・旧跡～みんなで歩こうNaha city～」という企画展を開いている、ということを知り、ああ僕のためにひそかに準備してくれたのかと、にやりとした。さっそく、うきうき・ウオッチング、パレットくもじ四階へと向かった。

〈本市では、沖縄戦や戦後の復興・開発の過程で失われた市内の旧跡、歴史的地名が残る場所に、説明標示板を設置し、地域学習や観光案内など、本市の文化的街づくりに役立つことを目的に、１９９４年、那覇市旧跡・歴史的地名標示事業を始めました。（中略）歴史博物館では、標示事業の完了を記念して、「那覇の史跡・旧跡～みんなで歩こうNaha City～」と題し、企画展を開催します〉と企画意図が説明されている。

なるほど。いつもひとり自転車を走らせて、昔那覇《んかしなーふぁ》ポタリングをしているときに、ふと街角で見かける小さな説明表示板は、那覇市が二十年間、コツコツと建て続け、なんと百六もあるらしい。こころ躍らせて歴史博物館の奥へとすすむと（というほど大きくはありませんが）、展示されているものが、なんか僕の考えていたのと違う。……あっ、この企画展示は、前期と後期があり、今は前期の「首里・真和志地区」だったのだ。那覇の史跡というから、戦前の那覇市、つまり西町・東町・久米村、若狭町、泉崎あたりのことだと思いこんでいた。自分中心に物事を考えるのはよくないことであった。後期「那覇・小禄地区」は四月二十五日からだった。幸い今回の企画のため作られたと思われる前期・後期の「那覇市史跡・旧跡ガイドマップ」が、それぞれ無料で準備されていた。やはり、ひとりでポタリングしよう。

「那覇・小禄地区」の地図を開く。地図には番号が振られて、史跡・旧跡がマッピングされている。だいたい見当つくのだが、わからないものもある。おっと思った番号は１２８。東恩納寛惇生家跡である。説明標示板があるようだ。いつも通っている道沿いである。そうか、ここだったか。名著『南島風土記』をガイドブック代わりに昔那覇《んかしなーふぁ》を歩いているものとしては行かねばならぬ。久茂地川沿いの道を西町と東町の境に向かって自転車を漕ぐ。

〈私の家はもと、見世の前に在つた。表門の石垣の折込が円くなつてゐて、普通の屋根門の角になつてゐるのとは違つてゐた。これはもと薩摩の脇仮屋であつたからだと聞かされてゐた〉

『憧憬集』の「見世の前」の冒頭にある、東恩納先生の生家のことである。

〈那覇の繁華街が大門前に移らぬ以前には、目抜の場所であつた〉

琉球王朝時代から那覇の中心であった見世の前と、明治以後に通りが出来た大門前の位置は、わずか百メートルも違わない。現在では、そこが那覇一番の繁華街であったことを感じさせるものは、ほとんどない。

地図が示す128の場所へ着くと……あった。

見たことなかったはずだ。

その説明標示板は出来たてのほやほやだったのである。まだビニールで梱包されていた。見ると、説明板がまだはめ込まれていない、まっさらであった。逆に珍しい。多分企画展後期がスタートするときには、きちんとはまっているに違いない。

楽しみは、少し先にのびたほうがちょうどいいのだ。

東町。東恩納寛惇生家跡

戦前の那覇市役所（「昭和のなは」復元模型　那覇市歴史博物館所蔵）

開南ラプソディ

「〈復帰〉した頃、覚えている?」という質問が通じるのは、四〇代後半が、ぎりぎりというところだろう。一九七二年五月十五日、沖縄が日本国に〈復帰〉した日、那覇市与儀の那覇市民会館で記念式典が行われ、そのそばの与儀公園では抗議集会が土砂降りのなかで行われた、という情景は、すでにひとつの歴史である。何度もなんども語っているうちに、僕も、その雨に打たれていたような気がするが、小学生の僕は、当時、開南にあった自宅の部屋で静かにしていただけだ。

今年(二〇一四)はあれから四十二年目。「復帰っ子」も、とっくに不惑を迎えているのだから、僕なんかがあらためて言うこともないのだけど、二〇一四年二月『ぼくの沖縄〈復帰後〉史』という新書を出したこともあって、またまた〈復帰〉の頃を語る機会が増えたりしている。

そんなおり、那覇市が今年作成した史跡・旧跡のガイドマップ「みんなで歩こう Naha City」を見ていて、おっと思うことがあった。「開南」が真和志地区の旧跡として指定されていたのだ。

「開南」は番地名ではなく、那覇市樋川と松尾にまたがる、開南バス停あたりの通称地名である。そこは沖縄戦後、いち早く闇市がたち、神里原や牧志公設市場、平和通りなどの那覇の戦後の復興の拠点となった場所であることはもう何度も書いてきた。

そもそも戦前に真和志村のはずれにあった高台に、沖縄初の私立学校である開南中学校が開校したのが、通称名の由来。その「開南」も日本初の南極探検船「開南丸」が由来らしいから、北半球と南半球をまたぐ話なのである。

戦後は同じ場所に開南小学校が出来たというが、すぐに泉崎に移転している。おかげで、開南バス停と開南小学校は、とても離れているのだが、特に問題視されていない（開南一帯はどちらかというと城岳小学校地域だったので、当時の僕はとても不思議だったのだ）。

復帰前後、与儀公園から行進してくる復帰運動のデモ隊の熱気や、平和通り、牧志公設市場、国際通りへ買い物へ向かう、文字通りあふれかえる人混みの光景、それが、あの頃の開南バス停のイメージだ。

右側交通だったので、南部から来た買い物客が降りるバス停からすぐに商店街へと渡ることができる。バス停はプラットホームのように一段高くなっていて、派出所まであった。

復帰前に、近代的な市場施設の建設にともなって、第一牧志公設市場が、開南バス停から神里原へつながった道路に仮設移転してきたこともあった。なかなかワイルドな決断である。

あれから四十二年、時代の流れのなかで、開南バス停周辺は様変わりした。

かつての人混みは夢のようで、新たな道路拡張で所々立ち退きによる空き地も目立つ。そして今や「旧跡」なのである。

子どもの頃から今まで見てきた場所が「旧跡」になるとは思いもしなかった。こんな風にして人も風景も歳をとるのだなぁ。

とりあえず歴史の説明案内板があるのか見に行った。

なるほど、ちょこんとバス停の一角に案内板は座していた。

かつての派出所跡には大きく生長したトッキリキワタが、バス停を覆うように木陰をつくっている。あっちの空き地に、こっちの空き地。のんびりと横断歩道を渡る買い物客。

この風景もいずれ消えていくのだろう。

開南バス停の四季折々

若狭の風をあつめて

一、二年前のこと。若狭の町を、いつものように自転車で散歩していたとき、あれっと思わず立ち止まったことがあった。見慣れない風景が、視線の端を横切ったのだ。

那覇の若狭は、海辺の町である。どの通りも西に向かって行けばかつての海岸へと続く。現在、若狭海浜公園として埋め立てられたあたりは、かつて雪崎《ゆーちぬさち》と呼ばれた、岬の突端だった。今は、那覇港湾として整備されて、防波堤がずっと続いている。

若狭の海側は、戦後、碁盤目上に整備された住宅地で、小さな十字路から西に視線をあげれば、そのまま海へと広がる空が見える。ところがそのとき通りの奥に見えたのは、大きな建物だった。白い高層ビルが海と空を隠すようにして、突如出現したのである。僕は、しばらくじっと目をこらした。海に出現する蜃気楼か……。

実はその白い都市の街角のようなものの正体は、大型クルーズ船だった。若狭の防波堤の向こうに、大型客船専用のポートが建設されていたのだ。そこに碇泊していた大型クルーズ船を、

若狭。クルーズターミナル

波上の橋の上から

若狭の住宅地の隙間から見ると、よけいに大きく見えたのである。いつもはガランとした防波堤ごしの空に、都市のような白いクルーズ船が碇泊しているなんて、「まるで、はっぴぃえんどの歌のようぢゃないか」と思ったものだ。まだ仮設状態だったポートに接岸された巨大なクルーズ船の姿は、そこだけ異国の風景だった。見上げるほどの船を見たのは、たぶん初めてだ(小学生か!・)。蛇足ながら、「はっぴぃえんど」は一九七〇年代初頭に活動していた伝説的な日本のロックバンド。防波堤ごしの都市が碇泊しているというイメージは「風をあつめて」という曲のこと。若狭は意外に「はっぴぃえんど」の曲が似合う町である。

それからクルーズ船は、定期的に寄港するようになり、那覇の街でも富裕層らしき観光客の姿を目にする機会も増えた。いや富裕層ではないかもしれないが、ただのイメージである。

梅雨の晴れ間、久しぶりに若狭の海岸沿いへ自転車を走らせた。松山公園のなだらかな坂を流すと、鳳凰木の紅《くれない》の花が咲きはじめていた。中華街構想もあるという交叉点を渡り、いつもひと気まばらな若狭海浜公園を過ぎると、泊大橋と波上橋、そして那覇空港へと続く「那覇うみそらトンネル」が合流する海の上のジャンクションへ。その向こうに「那覇クルーズターミナル」がある。クルーズ船が碇泊していないポートは、「がらん…」とか「ぽつん…」という音が似合っていた。建物は出来上がっているが、ポートとしての機能をさらに拡張するのか周辺で工事が継続中で、立ち入り禁止の看板があちこちにある。ターミナルへの通路はベンチもあり、親水エリアとして一般に開放しているようだが、土曜日の昼間には誰もいない。

むかし、といっても十年ほど前だが、このあたりの防波堤には昼間から何をしているのかよくわからないおじさんたちが、ぼぉーっとして海を眺めていたものだ。今はそこも工事のフェンスに囲まれて立ち入り禁止区域だし、防波堤の向こうも既に埋め立てられて、草木がぼうと生えた荒れ地になっている。

……思い出した。一九九〇年代、この海沿いの公園一帯では、夏になると那覇市が主催する「NAHAシーサイドフェスティバル」なるものがあった。その祭りの目玉に、海上花火というのがあった。船から海上に落とされた花火玉が、文字通り波の上で点火して、海面に半円の火炎の花を開かせるのである。そうだ、この防波堤から眺めていたのだ。

まだまだ開発途中の若狭海浜公園一帯、記憶はどんどん蜃気楼のように立ちのぼっては、消えていくのだった。

台風たぬきがやってきた　首里・弁が岳

今年の「那覇の日」は台風の日となった。この原稿はまさにその日に書いているのだ(二〇一四年七月八日午前)。締め切りに遅れているのは、台風対策のためであるという言い訳を思いついたのだが、やはりそうもいかない。今回はいつもの那覇まち歩きではなく、台風雑感ということにする。目の前の窓の外は、吹き荒れる雨風で風景が揺れている。

前日早めに帰宅し、自宅周辺の台風対策をしていて、ふと顔を上げると、空の色が尋常ではない。美しい茜色が、首里から遠い西の海の上に広がっているではないか。

アカナー家ぬ
焼きとんどー

と、童唄で歌われていたように空が燃えている。「アカナー(赤い生き物・きじむなーという説も）のお家が焼けているよー」という意味だ。思わずその美しさに見とれる。しかし、その後にやってくるであろう台風の不気味さを感じ取るには十分な光景であった。フェイスブック上には、その夕映えの写真がぞくぞくアップされていた。

台風というと、雨戸を打ち付けるトントントンという音を思い出す。木造のトゥータンヤー（トタン屋根の家）が多かった頃の話だ。停電になると、トランジスターラジオを聞きながら、ろうそくの下で、トランプしたり、ソーミンタシヤーを食べたりと、何故か楽しい思い出ばかりだ。恐いけれど、どこかわくわくしてしまうというのが台風の日であった。たぶん学校が休みになる、ということが嬉しかったのだろう。高校の頃は一晩中起きていて、ラジオの台風情報を聞いていた。ほとんどノンストップで音楽がかかっていて、台風情報の間にユーミンのアルバム「サーフ&スノウ」が全曲かかったりして、なんだか興奮した。

大人になってもその感覚は残っていて、台風の夜になると、かならず呑みに出掛けるという輩がいるのもわかる気がする。僕もパトロールと称して、意味もなく平和通り、国際通り界隈を雨風にさらされながら、よく散歩していた。しかし最近は歳を重ねてしまったのだろう、どちらかといえば「恐い」という気持ちの方が勝るようになった。どんなに屋敷が頑丈に造られるようになっても、自然の猛威は、いつだってその上をいくことを知ってしまったからだろうか……。

台風八号（ノグリー・韓国語で「たぬき」の意味）は、じわじわと沖縄へ接近してきた。午前二時頃だったか、首里・弁が岳そばの防災放送用のスピーカーが「防災那覇市です。特別警報が発令されました……」などと、次第に強くなる雨風の音をものともせず、冷静にアナウンスする様子は、ただごとならぬ雰囲気であった。しかしどうすることもできずに、再び眠るしかなかった。

そして、目が覚めても、たぬきは、まだそこにいた。

窓の外からは恐ろしい風の音にまじって、「防災那覇市です。高潮警報が発令されました……」とアナウンスが響いている。首里の高台からはどうすることも出来ないのだが、緊迫感は増すばかりだ。でも気圧のせいか、眠気も増すばかりだ。これがほんとのたぬき寝入りか……。

この台風が、沖縄にどういう被害をもたらすのかは、この文章を書いている時点ではわからない。被害が拡大しないようにと祈るだけだ。弁が岳の森はまだまだ揺れ続けている……。

首里の夕日

台風の日の弁が岳の森

貘の「見えないものを見た話」

『琉球怪談　闇と癒しの百物語』（ボーダーインク）という実話怪談集を出版した年から、盛夏の時分になると、著者の怪談作家・小原猛さんや、沖縄で怪談を朗読させれば琉球一のナレーター・諸見里杉子さんらともに、「百聞の十物語」という怪談イベントを行っている。場所はジュンク堂書店那覇店で、閉店間近の時間帯から恐い話を語りだし、十人の話者が話し終わる頃には店は閉まり、真っ暗になった店内を客はそろりそろりと裏口から脱出していく、という趣向である。毎回大勢のお客さんが集まるイベントなのだ。ジュンク堂書店那覇店は沖縄の代表的な怪談「飴買幽霊」の舞台である美栄橋の「七つ墓」のお膝元ともいえる立地であり、それもまた雰囲気を盛りたてるというものだ。恐《うとぅ》るさ物《むん》ぬ　見《みー》ぶしゃむん。みんな恐い話が大好きなのである。

僕ももちろん恐い話をするのだが、あいにくその手の体験は皆無であり、また人から聞いた話をうまく語る話術も　ねーらんぐとぅ、毎回沖縄の先人たちが残した文献を紐解いて、「昔、

うちなーや　あんやたんどぉー」的な朗読をしている。

今夏世に準備したのは、詩人・山之口貘の「見えないものを見た話」である（『山之口貘 沖縄随筆集』平凡社ライブラリー）。貘が戦前の那覇の町で、文字通りの体験をしたという随筆だ。以前、若狭の古書店・言事堂で教えてもらった。戦前の沖縄の文人たちは、自らが体験したり聞いたりした「怪談《かいだん》」のような話をちょくちょく残しているのだが、これもそんな一編である。

舞台は、昔那覇《んかしなーふぁ》の中心地である東町の那覇市役所前の古着市場の通り。ある夏の日、貘が写生の帰り（画家志望だったのだ）、古着市場に差し掛かったところで、顔見知りの先輩と、気まずくすれ違う。実は貘はその先輩の許婚者《いいなづけ》に横恋慕して、自分の許婚者にしたという一件があったのだ。母に件の先輩とすれ違ったと伝えると、母は目をまるくして「そんなはずはない」。

〈「まさか真っ昼間、目の前で人ちがいだなんてするもんですか」というと「それじゃその人はもうダメです。たすかるまい」と母はいって、独り合点をするのである〉

実は、貘には内緒にしていたが、その先輩は一か月も前から病気で伏せており、もはや今日、明日の命かという状態というではないか。真っ昼間の炎天下に通りを歩くなんて、とんでもないのである。

〈母にいわせると、〔その先輩の〕精霊だとのことであって、精霊はその人の肉体よりも一足先に墓場へ行くとのこと〉

精霊（マブイ）は肉体を離れて、本人の有り様とはまた別の存在として他人に認知される。こういう話は沖縄では民俗的な言い伝えとしてよく知られている。果たして貘が出くわした先輩の正体は如何に……ということを、「百聞の十物語」では、語ろうと思っている。いや実は昨日、話し終えているはずである。地下の特設会場で何事もなければ……。

ちなみに、貘が先輩の精霊と出くわした那覇市役所前は、那覇市歴史博物館で展示されている、リアルに再現された戦前の那覇の町のジオラマで見ることができる。役所の時計台の向かいに古着市場もちゃんとある。通りを行き交う人の姿もある。

僕は、想像の翼を広げてそのジオラマをのぞき込んでみた。するとうすぼんやりとゆれる先輩に、気まずそうに帽子をぬいでお辞儀する詩人の姿が見えるか、見えないか……。

古着市場にて（「昭和のなは」復元模型　那覇市歴史博物館所蔵）

かつて材木商が並んだ敷場あたり、東町と下泉の境

壺屋のダンスホール

壺屋のゆったりとまるみを帯びた石垣に沿って、僕たちは歩いた。やちむん（焼物）の町・壺屋は、陶器屋さんが立ち並ぶ通りを買い物がてらぶらつくのもいいけれど、ほんの少し横道に入ると、戦前からの道筋を残している、那覇ではとても貴重なすーじ小がある。雨上がりの町に、まったりとした風が通り抜けていた。

『壺屋焼入門』という新書の出版記念トークを美栄橋あたりの本屋で行った後、著者である倉成多郎さんのガイドで、一行はそのまま壺屋焼にまつわるまち歩きへと出発した。小一時間、牧志、壺屋界隈を歩き、夕暮れ間近に壺屋・やちむん通りの、その奥のすーじ小へたどり着いたのだ。

たっぷりと壺屋の歴史を聞いた後なので、知らない場所ではないはずの壺屋の町が、懐かしいセピア色に染まって見えた。小さな坂を上がると、すこし斜面になっている広場に出る。公民館前の広場だ。壺屋をクサティ（腰当て・守護する）するウタキは、大きな老木にしっかりと守られていた。

「ここでは旗頭の練習なんかもするんですよ」と倉成さん。

確かに数年前このあたりを散歩したときに、鉦の音をたよりにしてこの場所にたどり着いたことがあるな、と思い出した。

戦後那覇復興の拠点となったのは壺屋である。戦後、那覇は住民の立ち入りが禁じられたオフ・リミッツである。アメリカ軍は沖縄島を統治するにあたって、住民に必要な生活雑器の製造のために、最初に陶工たちの壺屋への立ち入りを許可した。壺屋は那覇の中では比較的戦禍の少ない地区でもあった。収容所から戻ってきた他の地域の住民たちも壺屋の周辺に集まるようになり、自然発生的に闇市が形成された。やがて壺屋周辺は、那覇の中心街へと発展する。何度も読んだ戦後那覇の歴史のヒトコマだ。

「この場所にダンスホールもあったらしいですよ」と倉成さんに説明されて、びっくりする。近くの神里原通りあたりに芝居小屋や映画館などの娯楽施設があったのは知っていたが、そうか、ダンスホールか。こんな住宅地の中にあったのか。いやその頃はまた違った風景が広がっていたのだろう。ダンスホールでアーリーアメリカンな音楽が流れていた頃、壺屋は古くて若い町だった（と、想像の翼を広げてみたりして。どうやら公民館がその舞台だったよう）。

昼間働いていた若い陶工が、少しぱりっとした格好で山形屋で働いている女店員を誘ってダンスホールへ向かったりしたのかしら……僕が育った、住宅密集地の樋川・開南にも、家と家の間の、極細と言いたくなるようにすーじ小を抜けたら、ダンス練習所があったな……「タイガーダンス練習所」だったかな。そうか、そこも闇市から続くセピア色した風景の名残りだったんだ。

首里王府が、湧田、首里宝口、喜名、知花、古我知など沖縄各地で行われていた窯を集めて、壺屋という陶業の里を作ってから約四百年がたっている。琉球処分、沖縄戦、日本復帰と時代の節目を乗り越え、今も都市化の波にさらされながらも、同じ土地でやちむんが生産されていることは、ちょっとした奇跡なのかもしれない。

壺屋。公民館前

壺屋。いしまち通り

崇元寺のかがやき

暦の上ではセプテンバー、秋とはいえどもまだまだ暑い盛りの夕暮れどき、東京からの客人を那覇のまち歩きに誘った。怪談関係の文筆家ゆえに、ここはありきたりの観光ガイドじゃ物足りないであろうと、この秋マイブームである安里・崇元寺町界隈をそぞろ歩いた。

ゆいレール安里駅から、安里八幡宮へと向かう。尚徳王ゆかりの神社で、沖縄では珍しい武運のカミが祀られている。今では地域住民のコミュニティ広場として活用され、数年前に改築も済み綺麗になったお社であるが、見るべきは、その背後にそびえ立つ那覇新都心のタワーマンションである。古きと新しきが交差するその風景は、「東京の佃島あたりの光景にそっくり」と客人。僕も実はあきれつつそう思っていた。「南ぬ島」（安里に伝わるちょっと不思議な民俗芸能）もびっくりだ。「郊外化」の次にくるのは「タワー化」なのである（那覇タワーはなくなるけど）。

安里から崇元寺にかけての住宅地は斜面に形成され、戦前だと那覇や真和志の風景がよく眺められたことだろう。大きな屋敷が続くのは、ここがかつての郊外を形成していた名残りであろうか。そんな「オランダ屋敷」跡を通り、そのまま斜面の道を辿っていくと、新都心から牧志へ抜ける大きな道路にぶち当たる。このあたりのどこかに金丸（後の尚円王）ゆかりの「碁打のウタキ」があるはずだが、碁を打つ時間もないので先を急ぐことにした。アコークローが近いのだ。

僕の目当てはもうひとつのウタキである。新都心から散歩しているときに見つけた小さな公園。那覇で住宅地にぽつんと小公園があれば、だいたいそこは拝所があるのだ。石碑が建てられていて、「隠居のお嶽」とある。またおもしろい名前のウタキだ。古地図を見て気がついたのだが、かつてこのあたりは「隠居山」と呼ばれていたらしい。想像するに隠居したお坊さんが住まう寺でもあったのだろう。いまは住宅地の隅っこにウタキが「隠居」しているようだ。この時代、隠居できるだけでもありがたい。ぜひ僕も老後にあやかりたいものだと、手を合わせてみる。

夕映え空の下、崇元寺跡に着く。歴代の琉球国王を祀った寺院であり、首里王府時代は中国からの使者を迎える場所でもあったそうで、とにかく圧倒的に由緒正しい場所である。ただ今はバス停の背後にある、三連アーチの石門の姿のみで、戦前国宝に指定された荘厳な寺院もなければ、アメリカ統治下の琉米会館の姿もない。

石門は沖縄戦で破壊されたものを復元・修理したものだが、実に立派なものだ。バス停としか認識されていないのがもったいない。日頃は訪れる人影も少ない。一見ただの空き地しかないが、だからこそ穴場なのである。

建物は何もないが、金丸にまつわる「馬鞭のウタキ」は、ちゃんとあった。ユニークな名前のウタキが多いのは、王統の神話性を高めるための説話に関連づけられたウタキだからだが、ここはさらに目を凝らして、ガジマルとモクマオウに覆われた石門の後ろの小さな森の中に入ってみる。すると往来激しいバス通りに面しているのに、そこだけ小さな静寂がある。崇元寺石門の上から往来を眺めることさえできるのだ。かつて何人《なんびと》もこの場所にさしかかれば馬を下り頭を垂れなければならないと記された「下馬碑」を見下ろしてしまった。

安里、天久（新都心）からゆったりと斜面を降りてきてたどり着く崇元寺跡。そうか、ここもまたかつて那覇の湾に面した崖があったに違いない。

とっぷりと日が暮れた。さてと、これから先は、古《いにしえ》のかがやきをにぶく放つ崇元寺町から、安里橋（崇元寺橋）をわたって、かつて首里と浮島・那覇を結んだ海中道路である長虹堤の跡をたどり、牧志の飲み屋へと客人を誘《いざな》っていくのであった。

楽しかった……。

崇元寺跡

隠居のお嶽

スウィングしなけりゃ、市場じゃない！　２０１４

「沖縄庶民の台所」と言えば「公設市場」「平和通り」で通用した時代があった。今のように「第一牧志公設市場」「市場本通り」とか「太平通り」とか「うりずん横町」とか「サンライズなは」とか、細かく通り名を説明しなくても、ここら一帯が「平和通り・公設市場」だった。子どものころ、どの通りも買い物客で溢れていた。いやその印象は一九九〇年代前半まではある。「沖縄はポップである」なんて言いながら、あらためて沖縄を再発見していたころだ。牧志の公設市場や平和通りは、そこに行けば何か新しい沖縄と出会える気がした。昔から知っている通りも、見方を少し変えるだけで、光り輝いてみえたのである。

「ピース・ラブ・マチグヮー＆壺屋祭り・ＳＴ・ジャズ」として、平和通り界隈でストリートライブのイベントが始まったのは丁度そんな頃だった。夏の定番だったイベントだ。「ＳＴ」はストリートのこと。当初はジャズがメインだったけど、民謡、ロック、フォークなどがジャンルわけなんか関係なくライブが行われていた。

街角からいろんな音楽が聞こえてくるなんて、なんて素敵な光景なんだろう。当時僕は夢中でマチグヮーのライブを追っかけていた。新良幸人とジャズのオーケストラが「じんじん」を演奏したり、友だちのふとんやさんの前で、やちむんやEPOさんが一緒にライブしていたなあ。「スウィングしなけりゃ、市場じゃない！」なんてことをコラムで書いていた。

そのマチグヮーのライブが今年突如復活（十年ぶりだとか。名称は「ピース・ラブまちぐゎ

太平通り、2014年

ーフェスタ」とあって、これは行かねばと、秋の平和通り界隈をウロウロした。街がスウィングしていた頃と比べると買い物客の人混みは少ないけれど、通りのあちこちにステージが展開されていた。

壺屋通りのすーじ小を散策して、新天地市場本通りで手品のパフォーマンスに驚き、浮島通りのかわいい綱引きの準備を眺めて、太平通りのゆるい民謡を聴いた。サンライズなはのライブを横目にしつつ、メイン会場とされている公設市場の「てるや」前へ駆けつけた。勢理客《じっちゃく》オーケストラのアバンギャルドなジャズに市場の風景はやはり似合っていた。市場のおばちゃんも張り切って踊ってたりして。こういうイベントに足をとめてしっかりと聴いているのは、やはり地元客である。平和通りのやちむんを聞くためにパラソル通りを通り抜けようとしたら、サンバのリズム、素敵な歌声と出会って思わず足を止めてしまった。

そして平和通りステージのやちむんは、これぞマチグヮーのライブという感じで盛り上がり、「一生売れない〜心の準備は出来ているか〜」と歌うやちむんのステージには、気がつけば大勢のお客さんが投げ銭を入れていた。

〈戦後すぐの時期からの那覇の、沖縄の生活を支えてきた市場が新しい顔を持とうと努力している〉と書いたのが二十年前のこと。今もマチグヮーは変化しているのだ。

平和通り。1990年代前半？

第一牧志公設市場。2014年

十二月の空飛ぶクジラ　浮島・那覇をめぐる妄想

十二月は人を時の旅人にさせるようだ。

男はまたいつものように昔那覇《んかしなーふぁ》に思いを馳せつつ、夜の西町・東町界隈を歩いていた。波止場ちかくのホテルで催された忘年会の帰りである。二次会の誘いをことわり、月夜の散歩ときめこんだ。倉庫街のこのあたりは、「西の海」だったよなぁとか、路線バスが走るあたりは「牛町下がり」で、久米島、粟国、渡名喜あたりの船着き場・荷を揚げる浜だったんだなぁなどと、ひとり夢心地である。

男は、少し前までポケットに戦前の那覇の民俗地図を持ち歩いていたが、今は心の中に地図をしのばせているかの如く、出来たてのマンションを見ても、「〝見世の前〟あたりの東恩納寛惇先生の実家から、金城芳子さんが散歩していた〝石門通り〟に抜けて行こうか」などと、つぶやいている。酔いがまわっていると人は思うだろう。全て今はない地名であり、人物である。

なぁにかまうものか。後ろ向きに遠くの風景を見ながら、それでも前に進まなくてはならないのが、今を生きるものの務めである。失ってしまったものを惜しんでいるのではない。ただせめて忘れずにいたいだけだ。その土地で生きるとはそういうものではないか。

〈那覇は、ずいぶんと昔から、港と市で成り立ったってきた離れ島だったそうだ。浮島と呼ばれたそこは、国際的な港湾都市として四、五百年の歴史的な厚みを持っていた。でもその場所に、かつての風情を偲ばせる名残りは、ほぼない。〉

男は三年前にそう感じて、昔那覇《んかしなーふぁ》のまち歩きを始めた。自転車を漕ぎ、立ち止まって地図を広げ、ありもしない岬の写真を撮る。少しずつだが、消え去った町の風情が感じられるようになった。

『南島風土記』『憧憬集』『那覇変遷記』『なはをんな一代記』『惜春記』『那覇わらべ行状記』『幻想の街・那覇』など、〝昔那覇〟の気配がする先人たちの書物をガイドブックがわりに、隙あらば時の旅人と化していた。

楽しかった……。やり尽くしたとは思わないが、いささか酔いがまわったような気もする。

男はふらふらと歩き続けた。東町の〝大市場《うふまち》〟があった場所は今は遊技場となっている。材木を川に浮かべていたあの〝敷場〟の上に立てられたモノレール駅までもうすぐだ。

しかし、なぜ那覇は〝浮島〟と呼ばれたのだろうか。実際はもちろん浮いてなぞいない。おもろさうしに記された〈うきしま〉とは、かつては対岸の泉崎の高台あたり、いや首里からも見えた風情であろうか。ゆらりゆらりと漂うような小さな島だったに違いない。西町・東町あたりも、「那覇どまり」と呼ばれていた港湾が発展してできた埋め立てのようだ。いずれにせよ、何百年も前の話ではある……。

男はモノレール駅の階段を上り、ふと振り返った。すると、国場川の河口に黒々とした海面に浮かぶ小さな塊を見つけた。岩礁？　いやそれはすーっと移動しながら、やがてその全貌をみせた。クジラである。かつてこの湾内にクジラが侵入してきたという話を読んだことはあるが、まさか……。その姿はまさに浮島そのものだった。那覇も最初はあんな小さな島だったかもしれない……。

唖然とする男を尻目にクジラは、ふわっと飛行船がテイクオフするように宙に浮かび、そのまま静かに空へと舞い上がっていった。

かつてあった町の姿を追い求めるのは、きっと空飛ぶクジラを追い求めるようなものなのだろう。男は、再び醒めない夢を見始めた。


（終）

御物グスク

三重グスクの崖下

雪崎
ユーチヌサチ
夫婦岩
夫婦岩
若狭町湾
護道院
（黒金座主）
シーサムイ
県立若狭病院
（ケンサヤー）
坊主墓
上ノ毛
兼久バマ
（現・旭ケ丘）
済廣寺山
漆器工業組合
アカチラバル
カナグスクヌスージ
クシミチ
若
狭
町
タコーヌスージ
メーミチ
シンカヌスージ
アンシンスージ
国吉小
那覇市立商業学校
（現・那覇中校）
アマガシャー
洪済寺
キシモトヌスージ
地蔵堂
夷堂
開洋会館
（島尻郡役所跡）
若狭町大通り
那覇地方裁判所
クラブ
若狭町村学校所跡
堂前医院
西武門
松
山
町
那覇尋常高等小学校
福木の山
那覇測候所跡
チャンガー
知事官舎
（宣教師宅跡）
ユーナヌカー
マーチュースージ
読谷山御殿
ミーミチ
二高女運動場
梁氏宗家
（兼箇段）
周氏宗家
堂の山
忠蓋堂
県立第二高等女学校
松山尋常小学校
唐人墓
ホートヌヒシャヌスージ
聯隊区司令部
那覇潟原
王氏宗家
堂屋敷
東寿寺
（堂小）
袋中上人碑
那覇市立浴場
玉那覇酒造所
沖縄県立病院
長寿寺
（ウイシヌ寺）
松尾山
ミンダカリ
バプテスト教会
善隣幼稚園
仲本小のカー
テラノカー
ウィーミチ
長虹隄跡
瑞聖寺
東禅寺
大典寺
桂林寺跡
南風原屋敷
クンパー屋敷
内兼久山
大久保医院
ウブク福木
仙寿院跡
市長公舎
（小沢書店跡）
久茂地大通り
久茂地市場
ボーイガシマル
那覇キリスト教会
メソヂスト教会
孔明子倫廟堂
蔡氏宗家
梁氏宗家
久茂地村学校所跡
技芸学校跡
宮古宿跡
久
茂
地
久茂地橋
浜崎帽子会社
家政
久茂地郵便局
沖縄電気会社
久茂地尋常小学校
（那覇の大あむ屋敷跡）
泉崎橋
（琉球新報）
鶏市
川畑工場
御成橋
久茂地川
橋口マチ
ブラグワー
フナングヮ
テランサガー
コーガン山
ハーリー屋跡
中村木店
泉
町
甲辰尋常小学校
専売支局
尚順男別邸
仲島の大石
営林署
郵便局官舎
★国際通り
官舎
那覇警察署
新県道（現・国際通り）
学務部
★ゆいレール県庁前駅
仲島小石
警察学校
沖縄県庁
仲尾次邸
吉屋跡
仲島遊廓跡
県会議場
工業
ハンキヌウガン
警察部
県立図書館
八重山宿跡
泉崎村学校所跡
湧田ガー
土帝君
ホートゥ小山
獅子
下大湾
筋荒ウガン
カラヤー
上大湾
（大正七年埋立）
上
泉
町
壺川ガー
湧田地蔵堂

＊「那覇市史資料篇第２巻中の７「那覇の民俗」付図「旧那覇の歴史・民俗地図」（那覇市立歴史博物館提供）より、旧那覇市中心街の部分。
現在とまったく道が違うので、かろうじて目安となるポイントを示した。
久茂地川の川筋もそんなには変わっていない。

あとがき

まち歩き、ポタリングを始めてしばらくすると、那覇の街角が消滅しはじめた。それについては本書で何度も記したとおりであるが、その光景を見かけるうちに「町殺し」という言葉が思い浮かんだ。ああ、こういうことか、と。この言葉は昔、東京生まれの作家・小林信彦の文章で知った。一九八〇年代の東京の町の変化をこう書いている。〈その他のビルの中のブティックやレストランは、めまぐるしいほどかわり、半年も足を向けないでいると、まったくちがったビルではないかと思うほどである。こうした現象を、私は、町殺しに対する、町の怨霊の祟りと考えている〉(『私説東京繁盛記』)。

〈町殺し〉とは強烈であるが、この言葉自体は、建築家・石川修武氏の文章からだそうだ。〈……東京の町の風景には独自の後ろめたさがある。アメリカの都市にはない陰鬱さがあるのだ。それが江戸の町を殺したという親殺しの記憶にも似た奥深い現在意識であることはいうまでもない〉と紹介している。

当時読んだ時は、東京とはそういうところかと、なんとなく思ったのだか、考えてみたら、前の戦争で消滅したまちが復興し、その風景がさらに変貌していくというのは、今の那覇も一緒ではないか。それは、牧港篤三氏の『幻想の街・那覇』で知ったことでもある。

戦前の那覇の中心は、一九四四年の「十・十空襲」で壊滅した。戦後の壺屋、開南界隈から始まり、アメリカ世の復興の過程で那覇市は、周辺の首里市、小禄村、そして真和志市と合併して、拡大していった。そして復帰後、都市化・郊外化の大波が押し寄せてきた。戦前と戦後では、那覇というまちは、ある意味まったく違うまちである。

この数年ずっと、歩きながら、漕ぎながら、そんなまちの歴史を追体験をしていた。僕はほとんど旅をしない人間なのだが、まるで時をこえた旅をしたようだった。自分のまちをそんな風に楽しめるとは思ってもみなかったことだ。『那覇市史』の「旧那覇の歴史・民俗地図」をトレーシングペーパーにコピーして、現在の地図とスケールを合わせて重ねる。透けてみえるのは、那覇のまちの変貌。失われた風景ではあるが、その二つの地図を持ち、ひとり静かにまち歩き、ポタリングを重ねて、〈町殺し〉の記憶だけでなく、新たなまちの記憶を刻みたいと、今は思う。那覇のまちを歩くのは依然として、楽しい。

連載では「沖縄スタイル」(は、もうありませんが)の方々と、「週刊リビングニュース　かふう」で担当していただいた林秀美さんに、大変お世話になりました。特に林さんは僕の気ままな随筆を四年にわたっておもしろがってくれて、とてもありがたかったです。まとめるにあたっては『ぼくの沖縄〈復帰後〉史』(ボーダー新書)につづいて、我がボーダーインクの池宮紀子さん、喜納えりかさんにいろいろお世話になりました。いつも苦労をおかけして、あいすいません。みなさん、今度、昔那覇《んかしなーふぁ》を歩きましょう。

二〇一五年　うりずんあたりの那覇にて　新城和博

新城和博（しんじょう・かずひろ）

1963年沖縄・那覇市生まれ。城岳小学校、上山中学校、那覇高校をへて、琉球大学法文学部社会学科社会人類学コース卒業。

月刊誌「青い海」、沖縄出版（「まぶい組」として『おきなわキーワードコラムブック』などを編集）をへて、1990年創立のボーダーインクへ。コラムマガジン「Wander」を2005年の終刊まで編集長として関わる。

現在、ボーダーインクに編集として勤務のかたわら、沖縄に関するエッセイを執筆したり、ぶらぶらと那覇まちを散歩したりの日々。

著書に『うちあたいの日々』『〈太陽雨〉の降る街で』『ンパンパッ！おきなわ白書』『道ゆらり』『うっちん党宣言』『ぼくの沖縄〈復帰後〉史』（ボーダーインク）、共著少々。

ぼくの〈那覇まち〉放浪記

追憶と妄想のまち歩き・自転車散歩

2015年5月25日　第1刷発行

著　者　新城　和博

発行者　宮城　正勝

発行所　(有) ボーダーインク
沖縄県那覇市与儀226-3
http://www.borderink.com
tel 098-835-2777　fax 098-835-2840

印刷所　(株)東洋企画印刷

ISBN978-4-89982-278-3　　printed in OKINAWA Japan